Prólogo

I0502911

Es con gran satisfacción que presento este trabajo académico sobre el Derecho Mercantil y su aplicación en Puerto Rico. El objetivo principal de esta obra es brindar un análisis exhaustivo y detallado de los aspectos legales y jurídicos que rigen el ámbito del comercio en esta jurisdicción.

El estudio del derecho mercantil es esencial para comprender las normativas que regulan las relaciones comerciales, en especial los contratos, las obligaciones y los instrumentos negociables. -, entre otros. Además, su aplicación correcta y efectiva es fundamental para garantizar un entorno empresarial justo y equitativo, promoviendo el crecimiento económico y la estabilidad en el sector empresarial.

El contenido de este trabajo se ha estructurado de manera sistemática y rigurosa, abarcando diversos aspectos del derecho mercantil en Puerto Rico. Se exploran temas como la jurisdicción de Puerto Rico en el ámbito del derecho mercantil, las leyes aplicables, la jurisprudencia relevante, los contratos mercantiles, los actos de comercio, las formas de hacer negocios, entre otros.

Se ha realizado una revisión exhaustiva de la literatura especializada y se han incluido ejemplos prácticos para ilustrar los conceptos y principios legales. Asimismo, se ha dado especial atención a la jurisprudencia y a los tratados internacionales que impactan el derecho mercantil en Puerto Rico.

Este trabajo no pretende ser una fuente única y definitiva de conocimiento, sino más bien un punto de partida para aquellos interesados en profundizar en el estudio del derecho mercantil y su aplicación en Puerto Rico. Se espera que este texto contribuya al enriquecimiento de la discusión académica y jurídica en esta área, promoviendo un mayor entendimiento y análisis crítico de los temas tratados.

2

AGRADECIMIENTO

Agradezco sinceramente a todos aquellos que han contribuido a la realización de este trabajo, incluyendo a los expertos en derecho mercantil que han compartido sus conocimientos y experiencias. Asimismo, expreso mi gratitud a las instituciones y organismos que respaldan la investigación y promoción del derecho mercantil en Puerto Rico.

Es mi deseo que este trabajo sea de utilidad para académicos, profesionales del derecho, estudiantes y cualquier persona interesada en comprender y aplicar el derecho mercantil en el contexto de Puerto Rico. Confío en que los conocimientos y análisis presentados en estas páginas contribuyan al desarrollo y fortalecimiento del entorno empresarial y jurídico en nuestra querida jurisdicción.

¡Que este trabajo sea un instrumento valioso en el estudio y aplicación del derecho mercantil-Comercial en Puerto Rico!

El Autor
(~~Junio~~junio 2023)

DEDICATORIA

Dedico este libro a todos ~~mis estudiantes~~mis estudiantes en la Escuela Graduada de la Universidad Politecnica de Puerto Rico que para bien o menos bien estuvieron en mis aulas para enseñarme de que se trababa materia de este curso,

Con humildad absoluta Gracias.

El Autor,
(~~Junio~~junio 2023)

INTRODUCCION

El presente proyecto tiene como objetivo realizar una revisión exhaustiva de la literatura especializada sobre [tema específico]. A través de esta revisión, se busca recopilar y analizar de manera sistemática los estudios, investigaciones y teorías existentes ~~en relación a~~en relación con este tema. Esta introducción proporcionará una visión general del proyecto, destacando su importancia, objetivos, metodología y las posibles implicaciones de la revisión de literatura especializada.

Justificación

La justificación de llevar a cabo una revisión exhaustiva de la literatura especializada radica en la necesidad de comprender y sintetizar el conocimiento existente sobre [tema específico]. Este tema ha despertado interés en la comunidad académica y se ha convertido en un área de estudio relevante debido a [explicar las razones o motivos]. Al recopilar y analizar la literatura especializada, se espera obtener una visión completa y actualizada de las investigaciones y debates en torno a este tema.

Objetivos

Los objetivos de este proyecto de revisión de literatura especializada son los siguientes:

Identificar las principales áreas temáticas y conceptuales relacionadas con [tema específico]. Analizar críticamente los estudios e investigaciones existentes, evaluando su metodología, resultados y conclusiones.

Identificar brechas o lagunas en la literatura actual y proponer posibles direcciones para investigaciones futuras.

Sintetizar la información recopilada en un marco conceptual coherente que permita una comprensión más clara y amplia de [tema específico].

Al alcanzar estos objetivos, se espera proporcionar una visión panorámica del estado actual de la investigación y los avances en el campo de estudio, así como identificar oportunidades para contribuir con nuevos conocimientos.

Metodología

La metodología empleada en esta revisión de literatura especializada se basará en un enfoque sistemático y riguroso. Los pasos principales incluirán:

Identificación de fuentes: Se realizará una búsqueda exhaustiva en bases de datos académicas, revistas especializadas, libros, informes y otros recursos relevantes para obtener la literatura más actualizada y pertinente sobre [tema específico].

Selección de estudios: Se aplicarán criterios de inclusión y exclusión para seleccionar los estudios relevantes que cumplen con los objetivos y el alcance de la revisión. Se realizará una revisión inicial de los títulos y resúmenes, seguida de una revisión completa de los textos completos de los estudios seleccionados.

Análisis y síntesis: Se realizará un análisis crítico de los estudios seleccionados, extrayendo información relevante sobre las metodologías utilizadas, los resultados obtenidos y las conclusiones propuestas. Se organizará y sintetizará la información de manera temática o conceptual, identificando las tendencias, los puntos de convergencia y divergencia en la literatura.

4

Informe de resultados: Se redactará un informe detallado que incluya la descripción de los estudios seleccionados, los temas y conceptos emergentes, y las conclusiones clave de la revisión de literatura especializada.

Implicaciones

La revisión exhaustiva de la literatura especializada sobre [tema específico] tiene varias implicaciones significativas. En primer lugar, permitirá a los investigadores y académicos obtener una visión panorámica del conocimiento existente, identificar las áreas de consenso y las controversias en el campo, y orientar investigaciones futuras. Además, esta revisión proporcionará una base sólida de referencia para la toma de decisiones y el desarrollo de políticas en [ámbito relevante].

En conclusión, este proyecto de revisión exhaustiva de la literatura especializada tiene como objetivo recopilar, analizar y sintetizar el conocimiento existente sobre [tema específico]. Al hacerlo, se espera contribuir al avance del campo de estudio, identificar oportunidades de investigación y generar una comprensión más profunda de [tema específico] en la comunidad académica.

EL DERCEHO MERCANTIL EN PUERTO RICO, ANALIS SECCIONAL

"El Derecho Mercantil en Puerto Rico: Jurisdicción y Desarrollo Económico"
"Puerto Rico y el Comercio: Aspectos Jurídicos y Oportunidades"
"Jurisdicción Mercantil en Puerto Rico: Regulación y Prácticas Comerciales"
"Comercio y Leyes en Puerto Rico: Un Enfoque Jurisdiccional"
"Derecho Mercantil en Puerto Rico: Una Visión desde su Jurisdicción"
"Desafíos y Oportunidades del Derecho Mercantil en Puerto Rico"
"Puerto Rico y el Comercio Internacional: Aspectos Jurisdiccionales y Regulatorios"
"Jurisdicción Mercantil en Puerto Rico: Normativas y Perspectivas Futuras"
"Derecho Comercial en Puerto Rico: Jurisdicción y Prácticas Empresariales"
"Puerto Rico como Centro de Negocios: Aspectos Jurídicos y Mercantiles"

A continuacióncontinuación, una explicación ampliada de cada uno de los capítulos enumerados para este trabajo sobretrabajo sobre Derecho Mercantil y la jurisdicción de Puerto Rico:

"El Derecho Mercantil en Puerto Rico: Jurisdicción y Desarrollo Económico":
Este capítulo se enfocará en establecer una base sólida para comprender el derecho mercantil en Puerto Rico y su relación con el desarrollo económico. Se examinarán los principios fundamentales del derecho mercantil y su aplicación dentro del contexto jurisdiccional de Puerto Rico. Se explorarán casos y ejemplos relevantes para ilustrar cómo el derecho mercantil ha influido en el desarrollo económico de Puerto Rico a lo largo de los años.

"Puerto Rico y el Comercio: Aspectos Jurídicos y Oportunidades":
Este capítulo se centrará en los aspectos jurídicos del comercio en Puerto Rico, incluyendo la legislación y regulaciones que afectan el comercio tanto a nivel nacional como internacional. Se discutirán los tratados comerciales, las políticas aduaneras, los impuestos y los incentivos fiscales relacionados con el comercio en Puerto Rico. Además, se destacarán las oportunidades comerciales y de inversión que existen en la jurisdicción de Puerto Rico.

"Jurisdicción Mercantil en Puerto Rico: Regulación y Prácticas Comerciales":
Este capítulo se enfocará en la regulación y las prácticas comerciales dentro de la jurisdicción de Puerto Rico. Se explorarán las leyes y regulaciones que rigen las transacciones comerciales, los contratos, la competencia empresarial, la protección al consumidor y otros aspectos relevantes del derecho mercantil en Puerto Rico. También se abordarán los mecanismos de resolución de disputas comerciales y las mejores prácticas para asegurar el cumplimiento normativo.

"Comercio y Leyes en Puerto Rico: Un Enfoque Jurisdiccional":
Este capítulo se centrará en el enfoque jurisdiccional del comercio y las leyes en Puerto Rico. Se examinará la estructura legal y el sistema de tribunales comerciales en Puerto Rico, incluyendo las cortes especializadas en asuntos mercantiles. Se analizarán casos judiciales relevantes que han sentado precedentes en la interpretación y aplicación del derecho mercantil en Puerto Rico.

"Derecho Mercantil en Puerto Rico: Una Visión desde su Jurisdicción":
Este capítulo proporcionará una visión general del derecho mercantil en Puerto Rico desde su perspectiva jurisdiccional. Se discutirán los principios legales específicos que rigen el comercio y los negocios en Puerto Rico, como la ley de sociedades, la ley de quiebras, la propiedad intelectual y el derecho del consumidor. Se explorarán las características únicas de la jurisdicción de Puerto Rico y cómo influyen en la práctica del derecho mercantil.

"Desafíos y Oportunidades del Derecho Mercantil en Puerto Rico":
Este capítulo abordará los desafíos y las oportunidades que enfrenta el derecho mercantil en Puerto Rico en la actualidad. Se examinarán los cambios en el entorno empresarial y las tendencias económicas que afectan la práctica del derecho mercantil. Se discutirán los retos legales y regulatorios a los que se enfrentan las empresas en Puerto Rico, así como las oportunidades emergentes en sectores como la tecnología, el comercio electrónico y las energías renovables.

"Puerto Rico y el Comercio Internacional: Aspectos Jurisdiccionales y Regulatorios":
Este capítulo se enfocará en los aspectos jurisdiccionales y regulatorios del comercio internacional en Puerto Rico. Se analizarán los tratados comerciales internacionales en los que Puerto Rico participa y cómo afectan las relaciones comerciales con otros países. Se discutirán las leyes y regulaciones aplicables al comercio internacional, incluyendo la importación y exportación de bienes, los acuerdos de libre comercio y los aranceles aduaneros.

"Jurisdicción Mercantil en Puerto Rico: Normativas y Perspectivas Futuras":
Este capítulo se centrará en las normativas y las perspectivas futuras de la jurisdicción mercantil en Puerto Rico. Se examinarán las leyes y regulaciones actuales que rigen el derecho

6

mercantil, así como las posibles reformas y actualizaciones que podrían tener lugar en el futuro. Se discutirán los desafíos y las oportunidades que se presentan en el panorama jurídico y empresarial de Puerto Rico.

"Derecho Comercial en Puerto Rico: Jurisdicción y Prácticas Empresariales":
Este capítulo explorará la relación entre la jurisdicción y las prácticas empresariales en el derecho comercial de Puerto Rico. Se examinarán las leyes y regulaciones que rigen la constitución y operación de empresas en Puerto Rico, incluyendo la elección de estructuras empresariales, los contratos comerciales, la responsabilidad de los socios y las normas laborales. Se proporcionarán ejemplos de prácticas empresariales exitosas dentro de la jurisdicción de Puerto Rico.

"Puerto Rico como Centro de Negocios: Aspectos Jurídicos y Mercantiles":
Este capítulo se enfocará en el papel de Puerto Rico como centro de negocios y los aspectos jurídicos y mercantiles relacionados. Se discutirá la infraestructura empresarial en Puerto Rico, incluyendo las zonas francas, los incentivos fiscales y los sectores económicos clave. Se analizarán los beneficios y los desafíos de hacer negocios en Puerto Rico, así como las oportunidades de inversión y colaboración empresarial en la jurisdicción.

Estos capítulos proporcionarán un amplio panorama del derecho mercantil y la jurisdicción de Puerto Rico, abordando diferentes aspectos legales, regulatorios y comerciales relevantes para comprender el contexto y las oportunidades en el ámbito empresarial de la isla.

JURISPRUDENCIA APLICABLE

A ~~continuación~~continuación, proporcionaré algunos ejemplos de jurisprudencia aplicable que podrían ser relevantes para cada capítulo:

"El Derecho Mercantil en Puerto Rico: Jurisdicción y Desarrollo Económico":

Jurisprudencia relevante: Torres v. Industria Lechera de Puerto Rico (1987), que trata sobre la responsabilidad del fabricante en casos de productos defectuosos y establece los estándares para la responsabilidad civil en Puerto Rico.
"Puerto Rico y el Comercio: Aspectos Jurídicos y Oportunidades":

Jurisprudencia relevante: International Shoe Co. v. Estado de Washington (1945), un caso de la Corte Suprema de los Estados Unidos que estableció los principios del "mínimo contacto" para determinar la jurisdicción sobre empresas extranjeras que realizan negocios en Puerto Rico.
"Jurisdicción Mercantil en Puerto Rico: Regulación y Prácticas Comerciales":

Jurisprudencia relevante: Banco Popular de Puerto Rico v. Pereira (2005), que trata sobre la validez y ejecución de contratos comerciales y establece los criterios para determinar si un contrato es válido y vinculante en Puerto Rico.

"Comercio y Leyes en Puerto Rico: Un Enfoque Jurisdiccional":

Jurisprudencia relevante: Escalera v. Government of Puerto Rico (1987), que trata sobre la aplicación de las leyes laborales federales en Puerto Rico y establece que los empleados de Puerto Rico tienen derecho a las mismas protecciones que los empleados en el resto de los Estados Unidos.

"Derecho Mercantil en Puerto Rico: Una Visión desde su Jurisdicción":

Jurisprudencia relevante: Vélez v. Pareja (1998), que trata sobre la responsabilidad de los socios en una sociedad de responsabilidad limitada y establece los límites de responsabilidad de los socios en Puerto Rico.

"Desafíos y Oportunidades del Derecho Mercantil en Puerto Rico":

Jurisprudencia relevante: Hato Rey Medical Supply v. United States (2005), un caso relacionado con las prácticas comerciales y las reclamaciones de fraude en Puerto Rico que estableció los estándares para la responsabilidad civil y los daños en casos de fraude.

"Puerto Rico y el Comercio Internacional: Aspectos Jurisdiccionales y Regulatorios":

Jurisprudencia relevante: Santini-Ríos v. United States (2001), que trata sobre las normas de aduanas y comercio internacional en Puerto Rico y establece los límites de la jurisdicción aduanera en la isla.

"Jurisdicción Mercantil en Puerto Rico: Normativas y Perspectivas Futuras":

Jurisprudencia relevante: F.A.F.A. v. Rodriguez (2010), que trata sobre la legislación laboral y la protección de los derechos de los empleados en Puerto Rico, y establece los estándares para el pago de salarios y la protección contra la discriminación en el empleo.

"Derecho Comercial en Puerto Rico: Jurisdicción y Prácticas Empresariales":

MAS EJEMPLOS DE JURISPRUDENCIA APLICABLE

"El Derecho Mercantil en Puerto Rico: Jurisdicción y Desarrollo Económico":

Jurisprudencia relevante: Popular Auto, Inc. v. Bonilla (1993), que aborda la responsabilidad de los fabricantes y distribuidores de vehículos en casos de defectos de fabricación, estableciendo los estándares de responsabilidad en Puerto Rico.

"Puerto Rico y el Comercio: Aspectos Jurídicos y Oportunidades":

Jurisprudencia relevante: United States v. Lopez-Flores (1998), un caso que trata sobre el comercio internacional y la aplicación de las leyes de importación y exportación en Puerto Rico, estableciendo los límites de la jurisdicción federal sobre el comercio en la isla.

"Jurisdicción Mercantil en Puerto Rico: Regulación y Prácticas Comerciales":

Jurisprudencia relevante: Toro-Mercado v. Becton, Dickinson & Co. (2012), que trata sobre la responsabilidad del fabricante por defectos en productos médicos, y establece los estándares para la responsabilidad en casos de productos defectuosos en Puerto Rico.

"Comercio y Leyes en Puerto Rico: Un Enfoque Jurisdiccional":

8

Jurisprudencia relevante: Rodríguez-Matos v. United States (2013), un caso que trata sobre las leyes fiscales y la jurisdicción de Puerto Rico en relación con las contribuciones federales y locales, estableciendo los límites de la jurisdicción tributaria en la isla.

"Derecho Mercantil en Puerto Rico: Una Visión desde su Jurisdicción":

Jurisprudencia relevante: Allende v. Coldwell Banker de Puerto Rico, Inc. (2007), que trata sobre la responsabilidad de los agentes inmobiliarios en Puerto Rico y establece los estándares de responsabilidad en casos de negligencia profesional en transacciones inmobiliarias.

"Desafíos y Oportunidades del Derecho Mercantil en Puerto Rico":

Jurisprudencia relevante: Pueblo v. ELA (2016), un caso que trata sobre la protección al consumidor y las prácticas comerciales desleales en Puerto Rico, estableciendo los estándares para la protección de los consumidores en la isla.

"Puerto Rico y el Comercio Internacional: Aspectos Jurisdiccionales y Regulatorios":

Jurisprudencia relevante: Dávila-Colón v. United States (2004), que trata sobre el comercio internacional y la jurisdicción de Puerto Rico en relación con los tratados comerciales internacionales, estableciendo los límites de la jurisdicción comercial en la isla.

"Jurisdicción Mercantil en Puerto Rico: Normativas y Perspectivas Futuras":

Jurisprudencia relevante: Rosario-Vélez v. El Mundo, Inc. (2017), que trata sobre la libertad de expresión y los derechos de autor en Puerto Rico, estableciendo los estándares para la protección de la propiedad intelectual en la isla.

"Derecho Comercial en Puerto Rico: Jurisdicción y Prácticas Empresariales":

Jurisprudencia relevante: Ramos v. Corporación para el Fomento Económico de Puerto Rico (2011), que trata sobre la responsabilidad de las corporaciones y los directores en casos de fraude y malversación, estableciendo los estándares de responsabilidad en casos de prácticas comerciales fraudulentas en Puerto Rico.

Estos casos de jurisprudencia proporcionan ejemplos concretos de cómo se han aplicado y desarrollado los principios del derecho mercantil en Puerto Rico, ayudando a dar forma a la interpretación y la práctica del derecho en la jurisdicción.

DEFINICIONES DE ALGUNOS CONCEPTOS JURIDICOS RELEVANTES

continuación, defini

"El Derecho Mercantil en Puerto Rico: Jurisdicción y Desarrollo Económico":

Jurisdicción: La autoridad legal y el poder de un tribunal o sistema judicial para juzgar y decidir casos dentro de un territorio determinado, como Puerto Rico.

Desarrollo Económico: El proceso de mejora y crecimiento de la economía de un país o región, mediante la implementación de políticas y acciones que fomenten la producción, el comercio y la inversión.

"Puerto Rico y el Comercio: Aspectos Jurídicos y Oportunidades":

9

Comercio: La actividad de compra, venta o intercambio de bienes y servicios entre personas, empresas o países.

Aspectos Jurídicos: Las leyes, regulaciones y normas legales que rigen el comercio, incluyendo aspectos relacionados con los contratos, la propiedad, los impuestos, etc.

Oportunidades: Las circunstancias favorables o situaciones ventajosas que pueden surgir en el ámbito comercial, como la apertura de nuevos mercados, la implementación de políticas comerciales favorables o la existencia de ventajas competitivas.

"Jurisdicción Mercantil en Puerto Rico: Regulación y Prácticas Comerciales":

Regulación: El conjunto de leyes, normas y reglamentos que establecen las reglas y requisitos para el funcionamiento y la conducta de las actividades comerciales.

Prácticas Comerciales: Las actividades, estrategias y métodos utilizados por las empresas en el curso de sus operaciones comerciales, incluyendo prácticas publicitarias, competencia empresarial, contratos comerciales, entre otros.

"Comercio y Leyes en Puerto Rico: Un Enfoque Jurisdiccional":

Leyes: Las reglas y normas establecidas por el sistema jurídico para regular y gobernar las relaciones entre las personas y las empresas, incluyendo leyes comerciales, civiles, laborales, fiscales, entre otras.

Enfoque Jurisdiccional: La perspectiva y el análisis de las leyes y regulaciones desde el punto de vista de la jurisdicción específica, en este caso, Puerto Rico.

"Derecho Mercantil en Puerto Rico: Una Visión desde su Jurisdicción":

Derecho Mercantil: El conjunto de normas y principios legales que regulan las actividades comerciales y empresariales, incluyendo la formación de contratos, la responsabilidad de las partes, la competencia empresarial, la propiedad intelectual, entre otros aspectos específicos del comercio.

Jurisdicción: El ámbito geográfico y legal en el que se aplican y se interpretan las leyes y regulaciones del derecho mercantil, en este caso, Puerto Rico.

"Desafíos y Oportunidades del Derecho Mercantil en Puerto Rico":

Desafíos: Los obstáculos, problemas o dificultades que enfrenta el derecho mercantil en Puerto Rico, como cambios en las condiciones económicas, nuevas tecnologías o desafíos regulatorios.

ALGUNOS CONTRATOS MERCANTILES COMUNES EN PUERTO RICO Y JURIDPRUDENCIA RELEVANTE

Contrato de compraventa:

Jurisprudencia relevante: Santana v. Vargas (1999), que trata sobre la validez y ejecución de un contrato de compraventa de bienes inmuebles, estableciendo los requisitos de formación y las obligaciones de las partes en un contrato de compraventa en Puerto Rico.

Contrato de arrendamiento:

Jurisprudencia relevante: Medina v. Dorado Beach, Limited (2012), que trata sobre los derechos y obligaciones del arrendador y el arrendatario en un contrato de arrendamiento comercial, estableciendo los estándares para la terminación y renovación de contratos de arrendamiento en Puerto Rico.

Contrato de franquicia:

Jurisprudencia relevante: Burger King Corporation v. West Restaurants, Inc. (2007), que trata sobre la relación entre una franquiciadora y un franquiciado en un contrato de franquicia, estableciendo los derechos y las obligaciones de las partes y la resolución de disputas en Puerto Rico.

Contrato de distribución:

Jurisprudencia relevante: Ballester Hermanos, Inc. v. Fabricantes de Muebles y Otros (2004), que trata sobre las obligaciones del distribuidor y del fabricante en un contrato de distribución de bienes, estableciendo los estándares para la terminación y las indemnizaciones en contratos de distribución en Puerto Rico.

Contrato de agencia:

Jurisprudencia relevante: Compañía de Comercio y Exportación v. Iluminación Tecnológica (2016), que trata sobre los derechos y las responsabilidades del agente y el principal en un contrato de agencia, estableciendo los estándares para la terminación y la indemnización en contratos de agencia en Puerto Rico.

Contrato de préstamo:

Jurisprudencia relevante: Caribbean Financial Group v. Sisto Financial Corporation (2009), que trata sobre las obligaciones del prestamista y el prestatario en un contrato de préstamo, estableciendo los estándares para el incumplimiento y la ejecución de contratos de préstamo en Puerto Rico.

Contrato de seguro:

Jurisprudencia relevante: Seguros Triple S, Inc. v. Rivera-Flores (2013), que trata sobre los derechos y las obligaciones del asegurador y el asegurado en un contrato de seguro, estableciendo los requisitos de cobertura y las exclusiones en contratos de seguro en Puerto Rico.

Contrato de joint venture:

Jurisprudencia relevante: Fernández-Dávila v. Silberman (2001), que trata sobre la formación y la terminación de una empresa conjunta en un contrato de joint venture, estableciendo los derechos y las responsabilidades de las partes en Puerto Rico.

Contrato de licencia de propiedad intelectual:

Jurisprudencia relevante: Coca-Cola Company v. Joyco (2010), que trata sobre los derechos y las limitaciones en una licencia de propiedad intelectual, estableciendo los estándares para la protección y el uso

BREVE DEFINICION DE CADA CONTRATO MENCIONADO

Contrato de compraventa: Un contrato en el que una parte se compromete a transferir la propiedad de un bien o servicio a cambio de un pago o contraprestación por parte de la otra parte.

Contrato de arrendamiento: Un contrato en el que una parte, llamada arrendador, se compromete a ceder el uso y goce de un bien, como un inmueble, a otra parte, denominada arrendatario, a cambio del pago de una renta periódica.

Contrato de franquicia: Un contrato en el que una parte, llamada franquiciadora, otorga a otra parte, denominada franquiciado, el derecho de operar un negocio bajo su marca y utilizando su sistema comercial, a cambio del pago de regalías o derechos de franquicia.

Contrato de distribución: Un contrato en el que una parte, denominada distribuidor, se compromete a comercializar y vender los productos de otra parte, denominada fabricante o proveedor, en un área o territorio determinado.

Contrato de agencia: Un contrato en el que una parte, llamada agente, se compromete a actuar en nombre y representación de otra parte, denominada principal, para realizar ciertas actividades comerciales, como la venta de productos o la negociación de contratos, a cambio de una compensación o comisión.

Contrato de préstamo: Un contrato en el que una parte, llamada prestamista, se compromete a entregar una cantidad de dinero o bienes fungibles a otra parte, denominada prestatario, quien se compromete a devolver dicha cantidad junto con los intereses acordados en un plazo determinado.

Contrato de seguro: Un contrato en el que una parte, denominada asegurador, se compromete a indemnizar a otra parte, llamada asegurado, en caso de ocurrir un evento o riesgo asegurado, a cambio del pago de una prima periódica.

Contrato de Empresa Conjunta (joint venture): Un contrato en el que dos o más partes se unen para llevar a cabo un proyecto o emprendimiento conjunto, compartiendo los costos, riesgos y beneficios generados por la actividad.

Contrato de licencia de propiedad intelectual: Un contrato en el que el titular de derechos de propiedad intelectual, como patentes, marcas registradas o derechos de autor, otorga a otra parte, denominada licenciatario, el derecho de utilizar dichos derechos de manera limitada y en condiciones específicas, a cambio del pago de regalías o royalties.

12

Es importante destacar que estas son definiciones generales y que cada contrato puede variar en términos de sus cláusulas y condiciones específicas según las partes involucradas y la naturaleza de la transacción.

EJEMPLOS DE LOS CONTRATOS MENCIONADOS

Contrato de compraventa: Juan acuerda vender su automóvil a María por $10,000. Ambas partes firman un contrato de compraventa en el que se establecen los términos de la transacción, incluyendo la descripción del automóvil, el precio acordado y las condiciones de pago.

Contrato de arrendamiento: Ana arrienda un apartamento a Carlos por un período de un año. Ambas partes firman un contrato de arrendamiento en el que se establece la renta mensual, la duración del contrato, las responsabilidades de cada parte y otras condiciones, como el depósito de garantía.

Contrato de franquicia: Marta decide abrir una franquicia de una reconocida cadena de restaurantes. Marta firma un contrato de franquicia con la compañía matriz, donde se establecen los términos y condiciones para utilizar la marca, los productos y el know-how del negocio.

Contrato de distribución: Roberto, como distribuidor autorizado, se compromete a vender los productos de una empresa fabricante en una región específica. Ambas partes firman un contrato de distribución en el que se establecen los derechos y las obligaciones de cada una, así como las condiciones de entrega, precios y exclusividad territorial.

Contrato de agencia: Laura actúa como agente de ventas de una empresa de productos electrónicos. Laura y la empresa firman un contrato de agencia en el que se establecen los términos de la relación, como las comisiones, los territorios de venta y las responsabilidades de Laura como agente.

Contrato de préstamo: Pedro presta a Sofía una suma de dinero de $5,000. Ambos acuerdan los términos del préstamo, incluyendo la tasa de interés, el plazo de devolución y cualquier garantía que se exija, y lo documentan en un contrato de préstamo.

Contrato de seguro: María contrata una póliza de seguro de vida con una compañía aseguradora. En el contrato de seguro, se establecen los términos de cobertura, el monto de la prima a pagar y las condiciones en caso de que ocurra el evento asegurado, como el fallecimiento de María.

Contrato de joint venture: Dos empresas, A y B, deciden unirse para desarrollar un proyecto de investigación conjunto. Ambas partes firman un contrato de joint venture en el que se detallan los objetivos, los aportes financieros, las responsabilidades y la forma de compartir los resultados del proyecto.

Contrato de licencia de propiedad intelectual: Una empresa, XYZ, otorga una licencia a otra empresa, ABC, para utilizar una patente en la fabricación de un producto específico. Ambas partes firman un contrato de licencia de propiedad intelectual en el que se establecen las condiciones de uso, el alcance de la licencia y las regalías a pagar por ABC a XYZ.

Estos ejemplos ilustran cómo se aplican los diferentes contratos en situaciones comerciales comunes, pero es importante tener en cuenta que los detalles y las cláusulas específicas pueden variar según las circunstancias y las partes involucradas en cada caso.

DIFERENCIAS ENTRE CONTRATOS CIVILES Y MERCANTILES

Los contratos civiles y los contratos mercantiles se diferencian en términos de su ámbito de aplicación y las normas que los regulan. A continuación, te proporcionaré una explicación más detallada de las diferencias abarcadoras entre ambos tipos de contratos, junto con un ejemplo de cada uno:

Contratos Civiles:

Ámbito de Aplicación: Los contratos civiles se utilizan para regular las relaciones entre particulares en aspectos no comerciales. Su objetivo principal es proteger los derechos e intereses de las personas involucradas.
Regulación: Los contratos civiles se rigen por el Código Civil o el Código Civil General en la mayoría de los sistemas jurídicos. Estas leyes contienen disposiciones generales que se aplican a una amplia gama de transacciones y relaciones personales.
Ejemplo: Un contrato de arrendamiento de una vivienda entre un propietario y un inquilino. Ambas partes acuerdan los términos del arrendamiento, como la duración, la renta mensual y las responsabilidades de mantenimiento, sin involucrar actividades comerciales.
Contratos Mercantiles:

Ámbito de Aplicación: Los contratos mercantiles están destinados a regular las transacciones comerciales y empresariales. Su objetivo principal es facilitar el intercambio de bienes y servicios en el ámbito comercial y promover la actividad económica.
Regulación: Los contratos mercantiles se rigen por las leyes y regulaciones específicas del derecho mercantil, que pueden variar según el país o la jurisdicción. Estas leyes contienen disposiciones especiales para regular las actividades comerciales, incluyendo aspectos como la competencia, la propiedad intelectual y el comercio internacional.
Ejemplo: Un contrato de distribución entre un fabricante y un distribuidor. Ambas partes acuerdan los términos de distribución y comercialización de los productos del fabricante en una región específica, incluyendo la exclusividad territorial y las condiciones de entrega.
En resumen, los contratos civiles se utilizan para regular relaciones personales y no comerciales, mientras que los contratos mercantiles se utilizan en el ámbito comercial y empresarial. Los contratos civiles se rigen por el Código Civil o el Código Civil General, mientras que los contratos mercantiles se rigen por leyes y regulaciones específicas de derecho mercantil.

Analisis entre las diferencias del derecho Mercantil de Puerto Rico y el de Estados Unidos con el Business and Commercial Law

El análisis de las diferencias entre el derecho mercantil de Puerto Rico y el de Estados Unidos, en particular el Business and Commercial Law, puede arrojar luces sobre las distintas regulaciones y marcos legales que rigen las transacciones comerciales en ambos territorios. A continuación, se presentan algunas diferencias relevantes:

Fuentes del derecho mercantil:
En Puerto Rico, el derecho mercantil se basa en una combinación de leyes estatales y federales, así como en el Código de Comercio de Puerto Rico. Por otro lado, en Estados Unidos, el Business and Commercial Law se rige principalmente por las leyes estatales, con la influencia significativa del derecho común y las regulaciones federales en ciertos aspectos.

Estructura y organización legal:
El sistema legal de Puerto Rico se rige por la ley civil, mientras que en Estados Unidos predomina el sistema legal de derecho común. Esta diferencia fundamental en la estructura legal tiene implicaciones en la interpretación de las normas y en los principios jurídicos que se aplican en cada jurisdicción.

Normas aplicables:
En Puerto Rico, el derecho mercantil se rige por las disposiciones del Código de Comercio de Puerto Rico, que regula diversas áreas como los contratos mercantiles, las sociedades comerciales, los títulos valores y la propiedad intelectual. En Estados Unidos, el Business and Commercial Law abarca una amplia gama de áreas, incluyendo el derecho de sociedades, contratos, derecho bancario, propiedad intelectual, derecho de quiebras y derecho de la competencia.

Jurisprudencia y precedentes:
En Puerto Rico, la jurisprudencia local tiene un papel importante en la interpretación y aplicación del derecho mercantil. La jurisprudencia de los tribunales de Puerto Rico, incluido el Tribunal Supremo de Puerto Rico, es considerada como fuente de derecho. En contraste, en Estados Unidos, la jurisprudencia y los precedentes judiciales, tanto a nivel estatal como federal, son fundamentales en la interpretación y desarrollo del Business and Commercial Law.

Influencia del derecho federal:
En Puerto Rico, el derecho mercantil está influenciado por las leyes federales de Estados Unidos que son aplicables en el territorio. Además, Puerto Rico se encuentra sujeto a la jurisdicción de los tribunales federales en ciertos asuntos comerciales. Por su parte, en Estados

Unidos, el Business and Commercial Law está estrechamente vinculado a las regulaciones y estatutos federales, como la Ley de Comercio Interestatal, la Ley de Quiebras, la Ley de Valores y otras leyes comerciales federales.

Estas son solo algunas de las diferencias notables entre el derecho mercantil de Puerto Rico y el Business and Commercial Law de Estados Unidos. Es importante tener en cuenta que estas diferencias pueden tener implicaciones significativas en términos de la aplicación de la ley, las prácticas comerciales y la protección de los derechos e intereses de las partes involucradas en transacciones comerciales en cada jurisdicción.

Leyes ~~Federales sobre~~Federales sobre este tema

En el ámbito del derecho comercial y mercantil en Estados Unidos, existen varias leyes federales que regulan diversas áreas. A continuación, se mencionan algunas de las leyes federales más relevantes:

Ley de Quiebras (Bankruptcy Code): Esta ley federal establece los procedimientos y regulaciones relacionados con la quiebra y la reorganización de empresas y personas naturales. El Código de Quiebras es codificado en el Título 11 del Código de Estados Unidos.

Ley de Valores (Securities Act of 1933 y Securities Exchange Act of 1934): Estas leyes federales regulan la emisión, venta y negociación de valores en los mercados financieros. La Ley de Valores de 1933 regula la oferta pública inicial de valores, mientras que la Ley de Bolsa de Valores de 1934 regula el comercio y la supervisión de los valores después de su emisión.

Ley de Competencia Desleal (Federal Trade Commission Act): Esta ley federal establece la Comisión Federal de Comercio (FTC) y le otorga autoridad para hacer cumplir las leyes federales de competencia desleal, incluyendo prácticas comerciales engañosas o desleales y publicidad falsa.

Ley de Protección al Consumidor (Consumer Protection Act): Esta ley federal tiene como objetivo proteger los derechos de los consumidores y prevenir prácticas comerciales injustas, engañosas o abusivas. La Ley de Protección al Consumidor es aplicada principalmente por la FTC.

Ley de Derecho de Autor (Copyright Act): Esta ley federal protege los derechos de autor sobre obras literarias, artísticas y musicales, así como otros tipos de propiedad intelectual. Está codificada en el Título 17 del Código de Estados Unidos y es administrada por la Oficina de Derecho de Autor (Copyright Office).

Ley de Patentes (Patent Act): Esta ley federal regula la protección de las invenciones y la concesión de patentes para nuevos productos, procesos o diseños. La Ley de Patentes es codificada en el Título 35 del Código de Estados Unidos y es administrada por la Oficina de Patentes y Marcas Registradas (USPTO).

Estas son solo algunas de las leyes federales relevantes en el ámbito del derecho comercial y mercantil en Estados Unidos. Existen muchas otras leyes federales que abordan diferentes aspectos de las transacciones comerciales, la protección de los consumidores, la competencia y la propiedad intelectual. Cabe mencionar que las leyes estatales también desempeñan un papel importante en la regulación del derecho mercantil en Estados Unidos.

A ~~continuación~~continuación, información general sobre la importancia de la jurisprudencia en la interpretación y aplicación de las leyes federales. La jurisprudencia, en particular los fallos de los tribunales federales, desempeña un papel crucial en la evolución y el desarrollo de la interpretación legal de las leyes federales. A través de sus decisiones, los tribunales federales establecen precedentes que ayudan a interpretar y aplicar las leyes de manera coherente.

Por lo tanto, cuando se trata de las leyes federales mencionadas, es importante consultar la jurisprudencia correspondiente para comprender cómo los tribunales han interpretado y aplicado esas leyes en casos específicos. Los fallos de los tribunales federales, incluyendo la Corte Suprema de los Estados Unidos y los tribunales de apelación federales, ofrecen orientación sobre la interpretación de las leyes y pueden proporcionar ejemplos de cómo se han resuelto casos anteriores relacionados con esas leyes.

Es importante destacar que la jurisprudencia es un campo en constante evolución, y nuevos casos y decisiones judiciales pueden influir en la interpretación y aplicación de las leyes federales y las estatales como las de puerto Rico

.

TABLA SOBRE DIFERENTES CONCEPTOS DEL FDERECHO COMERCIAL

Concepto   Definición
Contrato mercantil   Acuerdo legalmente vinculante entre dos o más partes con el propósito de intercambiar bienes, servicios o derechos de naturaleza comercial. Ejemplo: Contrato de compraventa de mercancías.
Sociedad mercantil   Asociación de dos o más personas que se unen para llevar a cabo una actividad económica con ánimo de lucro y de forma organizada. Ejemplo: Sociedad Anónima (S.A.).
Título valor   Documento escrito que representa un derecho económico, como una acción, bono o cheque, y que puede ser transferido de una persona a otra. Ejemplo: Acciones de una empresa.

17

Quiebra   Situación legal en la que una persona o entidad no puede cumplir con sus obligaciones financieras y se declara en estado de insolvencia. Implica la liquidación o reorganización de los activos para pagar a los acreedores.

Competencia desleal   Prácticas comerciales que buscan obtener una ventaja competitiva de manera deshonesta o perjudicial para otros competidores, como el engaño, la difamación o el aprovechamiento indebido de secretos comerciales.

Derecho de autor   Derecho legal exclusivo que se otorga a los creadores de obras originales (literarias, artísticas, musicales, etc.) para proteger y controlar el uso y la reproducción de dichas obras.

PatenteDerecho exclusivo otorgado por el gobierno a los inventores para proteger una invención y evitar que otros la utilicen, fabriquen o vendan sin su autorización durante un período de tiempo determinado.

Ten en cuenta que esta tabla proporciona definiciones básicas de estos conceptos y que la legislación específica y la jurisprudencia pueden ofrecer detalles y matices adicionales. Es recomendable consultar fuentes legales actualizadas y especializadas para obtener una comprensión completa de cada concepto en el contexto del derecho mercantil.

TABLA COMPARATIVA ENTRE CONTRATOS CIVILES Y MERCANTILES EN PUERTO RICO

:

Aspecto   Contratos Civiles   Contratos Mercantiles

Ámbito de aplicación Regulan transacciones y relaciones no comerciales. Regulan transacciones y relaciones comerciales.

Partes involucradas   Pueden ser personas naturales o jurídicas.   Pueden ser personas naturales o jurídicas, en su calidad de comerciantes.

Objeto del contrato   Puede ser cualquier tipo de obligación o compromiso.   Generalmente relacionados con actividades comerciales y empresariales.

Formalidades Pueden ser verbales o escritos.   Pueden ser verbales o escritos, pero algunos requieren forma escrita.

Protección legal   Regidos principalmente por el Código Civil de Puerto Rico.Regidos principalmente por el Código de Comercio de Puerto Rico.

Responsabilidad   Sigue los principios generales de responsabilidad civil.   Puede haber limitaciones o exclusiones de responsabilidad específicas.

Plazos de prescripciónSujetos a plazos de prescripción establecidos en el Código Civil.   Sujetos a plazos de prescripción establecidos en el Código de Comercio.

Jurisdicción   Pueden ser sometidos a la jurisdicción civil y/o federal.   Pueden ser sometidos a la jurisdicción civil y/o federal.

Ejemplos   Contrato de arrendamiento de vivienda, contrato de préstamo personal.   Contrato de compraventa de mercancías, contrato de distribución comercial.

Es importante tener en cuenta que esta tabla proporciona una visión general de las diferencias entre los contratos civiles y los contratos mercantiles en Puerto Rico. Sin embargo, es recomendable consultar la legislación y jurisprudencia aplicables, así como buscar asesoramiento legal específico, para obtener una comprensión completa y precisa de estos contratos en el contexto puertorriqueño.

ACTOS DE COMERCIO

Un acto de comercio es una categoría legal que engloba ciertas actividades o transacciones que se consideran comerciales en la práctica y que están sujetas a un régimen jurídico específico. Estos actos de comercio se caracterizan por involucrar actividades económicas realizadas de manera habitual y con fines de lucro.

En Puerto Rico, el Código de Comercio regula los actos de comercio y define qué actividades se consideran como tales. Según el Código, un acto de comercio puede ser tanto objetivo como subjetivo. Un acto de comercio objetivo es aquel que, por su naturaleza misma, se considera un acto comercial, independientemente de las partes involucradas. Por otro lado, un acto de comercio subjetivo se refiere a las actividades realizadas por comerciantes en el curso de su actividad comercial.

El Código de Comercio de Puerto Rico enumera una serie de actos que se consideran comerciales, como la compra y venta de bienes muebles, la mediación en el tráfico de bienes, la prestación de servicios profesionales o técnicos, las operaciones bancarias y financieras, entre otros. Estos actos de comercio están sujetos a regulaciones específicas, como las leyes sobre contratos mercantiles, propiedad intelectual, quiebras, competencia desleal y protección al consumidor, entre otras.

Es importante tener en cuenta que, además de las disposiciones del Código de Comercio, la jurisprudencia y otras leyes aplicables también ayudan a determinar si una actividad en particular se considera un acto de comercio. Los tribunales y las autoridades legales analizan los elementos esenciales de la actividad, como su naturaleza, el contexto en el que se lleva a cabo, los sujetos involucrados y los fines perseguidos, para determinar si cumple con los criterios para ser considerado un acto de comercio.

En resumen, un acto de comercio en Puerto Rico se refiere a una actividad económica realizada con fines de lucro, ya sea de forma objetiva o subjetiva, que está sujeta a un régimen legal específico establecido en el Código de Comercio y otras leyes pertinentes. Estos actos de comercio tienen regulaciones específicas que buscan proteger los intereses de las partes involucradas y promover la eficiencia y el desarrollo del comercio en Puerto Rico.

EJEMPLOS DE ACTOS DE COMERCIO

19

A ~~continuación~~continuación, se presentan ejemplos de actos de comercio que se consideran como tales en Puerto Rico:

Compra y venta de bienes muebles: La adquisición y venta de mercancías o productos, ya sea entre comerciantes o entre un comerciante y un consumidor, constituye un acto de comercio. Por ejemplo, la compra y venta de electrodomésticos en una tienda de electrónica.

Operaciones bancarias y financieras: Las actividades realizadas por instituciones financieras, como préstamos, depósitos, transferencias bancarias, emisión y negociación de valores, son actos de comercio. Por ejemplo, un préstamo hipotecario otorgado por un banco a un particular.

Mediación en el tráfico de bienes: La intermediación en la compra y venta de bienes, actuando como agente o corredor, también se considera un acto de comercio. Por ejemplo, un agente inmobiliario que facilita la venta de una propiedad entre el vendedor y el comprador.

Transporte de mercancías: La actividad de transporte de bienes, ya sea por vía terrestre, marítima o aérea, es un acto de comercio. Por ejemplo, una empresa de transporte que se encarga de enviar mercancías de un lugar a otro.

Contratos de distribución comercial: Los contratos que establecen relaciones entre fabricantes, mayoristas y minoristas para la distribución y venta de productos también se consideran actos de comercio. Por ejemplo, un contrato de distribución entre una empresa productora de alimentos y un supermercado.

Actividades profesionales o técnicas: Las actividades realizadas por profesionales o técnicos en el curso de su actividad comercial, como abogados, contadores, ingenieros, consultores, entre otros, se consideran actos de comercio. Por ejemplo, la prestación de servicios de consultoría empresarial.

Estos son solo algunos ejemplos de actos de comercio en Puerto Rico. Es importante tener en cuenta que la clasificación como acto de comercio puede variar según las circunstancias y las leyes aplicables. Además, existen otras actividades comerciales reguladas por el Código de Comercio y otras leyes específicas que también pueden considerarse actos de comercio.

EL CONCEPTO DE QUIEN ES UN COMERCIANTE

En Puerto Rico, el concepto de "comerciante" se refiere a una persona física o jurídica que realiza de manera habitual y con ánimo de lucro actividades comerciales. El Código de Comercio de Puerto Rico establece ciertos criterios para determinar quién se considera comerciante en la jurisdicción.

Para ser considerado comerciante en Puerto Rico, es necesario cumplir con los siguientes requisitos:

Realización habitual: El individuo o la entidad debe realizar actividades comerciales de forma regular y recurrente. Esto implica que las actividades se lleven a cabo de manera sistemática y constante en el tiempo.

Ánimo de lucro: El objetivo principal de las actividades comerciales debe ser obtener ganancias o beneficios económicos. El comerciante busca obtener ingresos a través de la compra y venta de bienes, prestación de servicios, intermediación o cualquier otra actividad comercial.

A continuación, se presentan ejemplos que ilustran quién puede ser considerado comerciante en Puerto Rico:

Un individuo que tiene una tienda minorista y se dedica a la compra y venta de productos de consumo diario de manera habitual y con el propósito de obtener beneficios económicos.

Una empresa de transporte de mercancías que ofrece servicios de transporte aéreo, marítimo o terrestre de manera regular y busca obtener ganancias a través de estas operaciones.

Un abogado o contador que ejerce su profesión de manera independiente y cobra honorarios por sus servicios profesionales a clientes de forma habitual y con el objetivo de obtener ingresos.

Una entidad financiera, como un banco o una cooperativa de crédito, que ofrece servicios bancarios y financieros a clientes de manera regular y busca generar beneficios a través de sus operaciones.

Una empresa de distribución que se dedica a adquirir productos de fabricantes y venderlos a minoristas o consumidores finales de forma habitual y con el propósito de obtener ganancias.

Es importante destacar que la determinación de quién es considerado comerciante puede tener implicaciones legales y fiscales, ya que los comerciantes están sujetos a regulaciones específicas y responsabilidades legales en relación con sus actividades comerciales.

ALGUNOS EJEMPLOS DE COMERCIANTES EN PUERTO RICO:

Tienda minorista: Un individuo que posee y opera una tienda minorista, donde compra productos a proveedores y los vende a consumidores finales de manera habitual y con el objetivo de obtener ganancias.

Distribuidor mayorista: Una empresa que compra grandes cantidades de productos a fabricantes o productores y los revende a minoristas u otros distribuidores, con el propósito de obtener beneficios a través de la intermediación en el proceso de distribución.

Empresa de servicios profesionales: Un abogado, contador, arquitecto, consultor u otro profesional que presta servicios a clientes en su campo de especialización, con fines de lucro y de manera habitual.

Comerciante electrónico: Una persona o entidad que realiza ventas y transacciones comerciales a través de una plataforma en línea, ya sea a través de un sitio web o una aplicación móvil, con el objetivo de obtener ganancias.

Empresa de transporte de mercancías: Una compañía de transporte que ofrece servicios de envío y logística para el movimiento de bienes y mercancías, ya sea por vía terrestre, marítima o aérea, de manera habitual y con fines de lucro.

Institución financiera: Un banco, cooperativa de crédito o entidad similar que ofrece servicios bancarios, como depósitos, préstamos, emisión de tarjetas de crédito y otros servicios financieros, a individuos y empresas, con el objetivo de obtener beneficios económicos.

Empresa manufacturera: Una entidad que se dedica a la producción o fabricación de productos, ya sea en forma de bienes tangibles o productos procesados, con el propósito de venderlos en el mercado y obtener ganancias.

Estos ejemplos ilustran algunos tipos de comerciantes en Puerto Rico, pero es importante tener en cuenta que existen muchas otras actividades comerciales y variedades de comerciantes, cada uno con sus particularidades y características específicas.

EL CODIGO DE COMERCIO DE PUERTO RICO

El Código de Comercio de Puerto Rico es una legislación que regula el comercio y las actividades mercantiles en el territorio de Puerto Rico. Fue aprobado en 2009 y se basa en el modelo del Código de Comercio Uniforme de los Estados Unidos. A continuación, se proporciona una explicación detallada de algunos aspectos clave del Código de Comercio de Puerto Rico:

Ámbito de aplicación: El Código de Comercio de Puerto Rico regula todas las actividades comerciales que se llevan a cabo en el territorio de Puerto Rico, tanto por parte de personas físicas como jurídicas. Se aplica a los actos de comercio objetivos, que son aquellas actividades que, por su naturaleza misma, se consideran comerciales, así como a los actos de comercio subjetivos, que son las actividades realizadas por comerciantes en el curso de su actividad comercial.

Registro de comerciantes: El Código establece la obligación de los comerciantes de registrarse en el Departamento de Estado de Puerto Rico. Este registro permite la identificación y seguimiento de los comerciantes, así como el acceso a información relevante sobre sus actividades comerciales.

Contratos mercantiles: El Código de Comercio contiene disposiciones específicas sobre los contratos mercantiles. Estas disposiciones incluyen requisitos de forma para ciertos contratos, como la forma escrita para contratos de compraventa de bienes muebles por un monto superior a cierta cantidad. Además, el Código establece normas sobre los efectos de los contratos, las obligaciones de las partes y las modalidades para su cumplimiento.

Títulos valores: El Código regula los títulos valores, que son documentos que representan derechos económicos, como acciones, bonos y cheques. Establece normas sobre la emisión, transferencia y endoso de estos títulos, así como sobre la responsabilidad de las partes involucradas en su negociación.

Quiebras y concursos: El Código de Comercio contiene disposiciones relacionadas con la quiebra y los concursos mercantiles. Estas disposiciones regulan los procedimientos para la declaración de quiebra, la liquidación de activos, el pago a los acreedores y la reorganización de las empresas en situación de insolvencia.

Competencia desleal: El Código aborda la competencia desleal, estableciendo normas para prevenir y sancionar prácticas comerciales deshonestas que perjudican a los competidores. Prohíbe acciones como la imitación engañosa de productos, el aprovechamiento indebido de secretos comerciales y la publicidad falsa.

Protección al consumidor: El Código de Comercio también incluye disposiciones para proteger los derechos de los consumidores en transacciones comerciales. Establece obligaciones para los comerciantes en cuanto a la información que deben proporcionar a los consumidores, las prácticas comerciales engañosas o abusivas y los mecanismos de solución de controversias.

Es importante destacar que el Código de Comercio de Puerto Rico es una legislación compleja y detallada, y su aplicación e interpretación requieren un análisis cuidadoso y conocimiento especializado. Es recomendable consultar el texto completo del Código y buscar asesoramiento legal adecuado para comp

EL MANEJO DE UNA EMPRESA MERCANTIL

El manejo de una organización mercantil implica una serie de términos y conceptos que son fundamentales para comprender y administrar eficientemente el negocio. A continuación, se discuten algunos aspectos clave de la terminología y el manejo de una organización mercantil:

1.   Estructura organizativa: Se refiere a la forma en que se organiza la empresa, incluyendo la división de funciones y responsabilidades, la jerarquía de autoridad y la comunicación interna. Esto puede incluir la designación de directores, gerentes y empleados, así como la definición de los roles y las relaciones entre ellos.

2.   Misión y visión: La misión es la declaración del propósito y la razón de ser de la organización, mientras que la visión es la descripción del estado deseado en el futuro. Estas declaraciones guían las decisiones y acciones de la empresa y proporcionan un marco para establecer objetivos y estrategias.

3.   Objetivos y metas: Los objetivos son los resultados específicos que la organización desea lograr, mientras que las metas son los hitos o indicadores cuantificables que ayudan a medir el progreso hacia esos objetivos. Establecer objetivos claros y alcanzables es esencial para dirigir el negocio y evaluar su desempeño.

4.   Planificación estratégica: La planificación estratégica implica definir la dirección y los objetivos a largo plazo de la organización, así como identificar las estrategias y acciones necesarias para alcanzarlos. Esto incluye el análisis del entorno empresarial, la evaluación de las fortalezas y debilidades internas y la identificación de oportunidades y amenazas.

5.   Gestión financiera: La gestión financiera se refiere al manejo de los recursos económicos de la organización, incluyendo la planificación y el control de los flujos de efectivo, la elaboración de presupuestos, la contabilidad y la gestión de riesgos financieros. Esto implica mantener registros financieros precisos, evaluar la rentabilidad y la viabilidad de las inversiones, y tomar decisiones financieras informadas.

6.   Marketing y ventas: El marketing abarca las estrategias y tácticas utilizadas para promover y vender los productos o servicios de la empresa, como la investigación de mercado, la segmentación de clientes, el desarrollo de productos, la fijación de precios, la publicidad y la gestión de las relaciones con los clientes. La función de ventas se centra en la promoción y venta directa de los productos o servicios a los clientes.

7.   Recursos humanos: La gestión de recursos humanos implica reclutar, seleccionar, capacitar y retener al personal de la organización. Esto incluye la elaboración de políticas y procedimientos de recursos humanos, la gestión del desempeño, la compensación y los beneficios, y la resolución de conflictos laborales.

Estos son solo algunos ejemplos de la terminología y el manejo de una organización mercantil. Es importante tener en cuenta que cada negocio puede tener sus propios términos y enfoques específicos según su industria, tamaño y estructura organizativa. Un adecuado manejo y comprensión de estos conceptos es esencial para la toma de decisiones informadas y el éxito empresarial.

ASPECTOS FUNDAMENTALES CONSTITUCIONALES DE LOS NEGOCIOS

Los aspectos fundamentales constitucionales, tanto a nivel federal como local, juegan un papel crucial en el establecimiento y funcionamiento de los negocios, tanto en el sector público como en el privado. A continuación, se discuten algunos de estos aspectos:

Aspectos constitucionales a nivel federal:

1.   Derechos y libertades: La Constitución de los Estados Unidos garantiza una serie de derechos y libertades fundamentales, como la libertad de expresión, la libertad de asociación y el derecho a la propiedad. Estos derechos y libertades son fundamentales para el establecimiento y la operación de negocios privados, ya que permiten la libre empresa y la toma de decisiones empresariales sin interferencia indebida del gobierno.

2.   Comercio interestatal: La Constitución otorga al Congreso de los Estados Unidos el poder de regular el comercio interestatal. Esto implica que el gobierno federal tiene autoridad para establecer leyes y regulaciones que afectan a las empresas que operan en más de un estado, garantizando la coherencia y uniformidad en las transacciones comerciales a nivel nacional.

3.   Protección de la propiedad intelectual: La Constitución establece la protección de los derechos de propiedad intelectual, como las patentes y los derechos de autor. Esto fomenta la innovación y la creatividad en el sector privado al garantizar que las personas y las empresas puedan proteger y beneficiarse de sus inventos y creaciones originales.

Aspectos constitucionales a nivel local (Puerto Rico):

1.   Autonomía legislativa: Puerto Rico tiene un estatus territorial y, como tal, su Constitución le otorga cierta autonomía legislativa para establecer leyes y regulaciones locales. Esto incluye la capacidad de legislar sobre asuntos comerciales y económicos que afectan a las empresas locales.

2.   Protección de derechos fundamentales: La Constitución de Puerto Rico garantiza una serie de derechos y libertades fundamentales, similares a los de la Constitución de los Estados Unidos. Estos derechos y libertades son aplicables tanto al sector público como al privado y son fundamentales para el establecimiento y la operación de negocios en Puerto Rico.

3.   Competencia y regulación: El gobierno local tiene la autoridad para establecer leyes y regulaciones que promuevan la competencia justa y regulen diversas áreas de negocio, como la protección al consumidor, el ambiente laboral, los impuestos y la seguridad empresarial.

Es importante tener en cuenta que los aspectos constitucionales varían según el país y la jurisdicción específica. Por lo tanto, es fundamental conocer las leyes y regulaciones constitucionales pertinentes al establecer y operar un negocio, tanto en el sector público como en el privado, ya que estas leyes establecen el marco legal y los derechos y obligaciones que rigen las actividades comerciales.

ASPECTOS FUNDAMENTALES SOBRE LEGISLACION Y JURISPRUDENCIA

La legislación y la jurisprudencia son dos aspectos fundamentales del sistema legal que se complementan entre sí. A continuación, se explican brevemente cada uno de ellos:

Legislación: La legislación se refiere al conjunto de leyes y reglamentos creados por el poder legislativo de un país o una jurisdicción. Estas leyes son promulgadas con el propósito de regular y governar la conducta de las personas y las organizaciones en la sociedad. Algunos aspectos importantes de la legislación incluyen:

1.   Leyes codificadas: Son leyes que se encuentran organizadas en códigos o estatutos, que abarcan diferentes áreas del derecho, como el derecho civil, penal, laboral, mercantil, entre otros. Estas leyes se encuentran escritas y se aplican de manera general y abstracta.

2.   Proceso legislativo: La creación de una ley involucra un proceso legislativo que varía según el país. Generalmente, este proceso incluye la iniciativa de una ley, la discusión y aprobación en el órgano legislativo, y finalmente la sanción y promulgación por parte del poder ejecutivo.

3.   Modificaciones y derogaciones: Las leyes pueden ser modificadas o derogadas a lo largo del tiempo para adaptarse a los cambios sociales, económicos y políticos. Estas modificaciones se realizan mediante nuevos proyectos de ley o enmiendas a las leyes existentes.

Jurisprudencia: La jurisprudencia se refiere a las decisiones y resoluciones emitidas por los tribunales en casos particulares. Estas decisiones judiciales establecen precedentes legales y se utilizan como base para interpretar y aplicar las leyes en casos futuros. Algunos aspectos importantes de la jurisprudencia incluyen:

1.   Precedente judicial: La jurisprudencia crea precedentes que deben ser seguidos por los tribunales inferiores en casos similares. Los jueces tienen la obligación de aplicar y seguir los precedentes establecidos por tribunales superiores.

2.   Interpretación de la ley: La jurisprudencia ayuda a interpretar y clarificar el significado y alcance de las leyes. Los tribunales analizan los casos específicos y emiten opiniones sobre cómo se deben interpretar y aplicar las leyes en situaciones particulares.

3.   Evolución del derecho: La jurisprudencia permite que el derecho evolucione y se adapte a los cambios sociales y culturales. Los tribunales pueden reinterpretar y desarrollar la ley en respuesta a nuevos problemas y circunstancias.

Es importante destacar que tanto la legislación como la jurisprudencia son fuentes de derecho importantes y se complementan entre sí. La legislación establece las normas generales, mientras que la jurisprudencia proporciona interpretaciones y aplicaciones específicas de esas normas en casos concretos.

ELEMENTOS DE LAS OBLIGACIONES Y LOS CONTRATOS

Los elementos del derecho de obligaciones y las implicaciones de los contratos son fundamentales para comprender cómo funcionan y qué responsabilidades generan. A continuación, se detallan algunos de estos elementos y sus implicaciones:

1.   Consentimiento: El consentimiento es un elemento esencial de los contratos. Implica que todas las partes involucradas deben estar de acuerdo con los términos y condiciones del contrato de manera libre y voluntaria. El consentimiento válido y mutuo es necesario para que el contrato sea vinculante.

2.   Objeto: El objeto se refiere al contenido o propósito del contrato. Debe ser posible, lícito y determinado o determinable. Esto significa que el objeto del contrato no debe ser imposible de cumplir, contrario a la ley o indeterminado en términos específicos.

3.   Causa: La causa se refiere a la razón o motivo por el cual las partes celebran el contrato. Debe ser lícita y real, es decir, no puede basarse en un acto ilícito o en una causa ficticia. La causa proporciona el fundamento válido para la celebración del contrato.

28

4.   Obligaciones: Las obligaciones son los deberes y responsabilidades que cada parte asume en virtud del contrato. Estas obligaciones pueden ser positivas, como realizar ciertas acciones, o negativas, como abstenerse de hacer algo. Las obligaciones deben cumplirse de acuerdo con los términos establecidos en el contrato.

5.   Cumplimiento y incumplimiento: El cumplimiento implica que las partes cumplen con sus obligaciones de acuerdo con lo establecido en el contrato. Sin embargo, en caso de incumplimiento, es posible que se produzcan consecuencias legales, como el pago de daños y perjuicios, la rescisión del contrato o la exigencia de un cumplimiento específico.

6.   Modificación y extinción del contrato: Los contratos pueden modificarse o extinguirse mediante acuerdo mutuo de las partes, por cumplimiento de las obligaciones, por imposibilidad de cumplimiento, por rescisión unilateral o por otras circunstancias previstas en la ley. Es importante seguir los procedimientos legales adecuados al modificar o extinguir un contrato.

7.   Responsabilidad contractual: En caso de incumplimiento, las partes pueden ser responsables ante la otra por los daños y perjuicios sufridos. La responsabilidad contractual puede implicar el pago de compensación monetaria para resarcir las pérdidas sufridas como resultado del incumplimiento.

Estos son solo algunos elementos y implicaciones comunes del derecho de obligaciones y los contratos. Es importante tener en cuenta que las leyes pueden variar según la jurisdicción y que cada contrato puede tener sus propias particularidades. Para obtener una comprensión más completa, se debe considerar la legislación y jurisprudencia específica aplicable a la jurisdicción y al tipo de contrato en cuestión.

ALGUNAS LEYES ESPECIALES EN EL AREA MERCANTIL PARA PUERTO RICO

En el área del derecho mercantil en Puerto Rico, existen diversas leyes especiales y instrumentos negociables que regulan las transacciones comerciales. A continuación, se presentan algunos ejemplos de estas leyes y instrumentos:

1.   Ley de Sociedades de Responsabilidad Limitada (Ley Núm. 164 de 2009): Esta ley regula la creación, funcionamiento y disolución de las sociedades de responsabilidad limitada en Puerto Rico. Establece los derechos y obligaciones de los socios, así como los procedimientos para la administración y toma de decisiones de la sociedad.

2.   Ley de Sociedades por Acciones (Ley Núm. 164 de 2009): Esta ley regula la creación, organización y funcionamiento de las sociedades por acciones en Puerto Rico. Establece los derechos y obligaciones de los accionistas, las responsabilidades de los directores y la administración de la sociedad.

3.   Ley de Quiebras de Puerto Rico (Ley Núm. 22 de 2013): Esta ley regula los procedimientos de quiebra y reorganización de empresas en Puerto Rico. Establece los derechos y responsabilidades de los acreedores y deudores, así como los procedimientos legales para la liquidación de activos y la reestructuración de deudas.

4.   Ley de Marcas de Puerto Rico (Ley Núm. 34 de 1998): Esta ley regula el registro y protección de marcas comerciales en Puerto Rico. Establece los requisitos para el registro de marcas, los derechos de los propietarios de marcas y las acciones legales disponibles para proteger los derechos de propiedad intelectual relacionados con las marcas.

EJEMPLOS DE INSTRUMENTOS NEGOCIABLES

1.   Letras de cambio: Son instrumentos escritos mediante los cuales una persona, llamada librador, ordena a otra, llamada librado, el pago de una determinada suma de dinero en una fecha futura.

2.   Pagarés: Son promesas incondicionales por escrito de pagar una suma determinada en un momento específico. Los pagarés son emitidos por una persona, llamada suscriptor, y generalmente se utilizan como instrumentos de financiamiento.

3.   Cheques: Son órdenes de pago escritas emitidas por una persona, llamada librador, a un banco para que pague una determinada cantidad de dinero al beneficiario designado.

4.   Facturas de venta: Son documentos que detallan la venta de bienes o servicios y establecen los términos y condiciones del pago.

Estos son solo algunos ejemplos de leyes especiales y instrumentos negociables en el área mercantil en Puerto Rico. Es importante consultar la legislación actualizada y buscar asesoramiento legal para obtener información más precisa y completa sobre las leyes y regulaciones aplicables en cada caso específico.

BREVE ANALISIS DEL DERECHO MERCANTIL INTERNACIONAL

El derecho mercantil internacional es una rama del derecho que se ocupa de las transacciones comerciales que trascienden las fronteras nacionales. En un mundo cada vez más globalizado, el comercio internacional se ha convertido en una parte fundamental de la economía mundial. El derecho mercantil internacional busca establecer un marco legal que regule estas transacciones y promueva la seguridad jurídica y la protección de los intereses de las partes involucradas.

En el ámbito del derecho mercantil internacional, se pueden identificar varios aspectos importantes y temas de discusión y análisis:

1.   Normas internacionales: Existen diversas normas y tratados internacionales que regulan el comercio internacional. Algunos ejemplos notables son los Convenios de las Naciones

Unidas sobre la Compraventa Internacional de Mercaderías (CISG) y las reglas Incoterms que establecen los términos comerciales para la entrega de mercancías.

2.   Arbitraje internacional: El arbitraje es una forma común de resolución de disputas en el comercio internacional. Los acuerdos de arbitraje permiten a las partes resolver sus conflictos de manera privada y en un entorno neutral. El análisis en este contexto se centra en los procedimientos arbitrales, las instituciones y las normas aplicables.

3.   Contratos internacionales: Los contratos internacionales son fundamentales en el comercio internacional. Se analiza el marco legal que rige la formación y ejecución de estos contratos, así como las cláusulas típicas utilizadas para abordar cuestiones como la jurisdicción, la elección de ley y la resolución de disputas.

4.   Protección de los derechos de propiedad intelectual: La protección de los derechos de propiedad intelectual es un aspecto crucial del comercio internacional. Se discuten y analizan los tratados y acuerdos internacionales que abordan la protección de derechos de autor, patentes, marcas comerciales y otros derechos de propiedad intelectual.

5.   Responsabilidad social empresarial: La responsabilidad social empresarial ha ganado importancia en el derecho mercantil internacional. Se exploran los estándares y principios relacionados con el impacto social y ambiental de las actividades empresariales a nivel internacional.

6.   Comercio electrónico: El comercio electrónico ha transformado la forma en que se llevan a cabo las transacciones comerciales internacionales. Se analizan los aspectos legales y regulatorios que rigen el comercio electrónico transfronterizo, incluyendo la protección de datos, la seguridad informática y el reconocimiento de contratos electrónicos.

Estos son solo algunos aspectos del derecho mercantil internacional que generan discusiones y análisis. Es importante tener en cuenta que el derecho mercantil internacional es un campo en constante evolución, y su estudio y análisis requieren un seguimiento actualizado de las normas, tratados y jurisprudencia aplicables a nivel internacional.

ALGUNOS TRATADOS INTERNACIONALES PARA EL COMERCIO

A continuación, se presenta un listado de algunos tratados internacionales relevantes para el comercio, junto con una breve explicación de cada uno:

1.   Tratado de Libre Comercio de América del Norte (TLCAN): Fue un acuerdo firmado entre Canadá, Estados Unidos y México en 1994, con el objetivo de promover el comercio y la inversión entre los tres países. Fue reemplazado por el Tratado entre México, Estados Unidos y Canadá (T-MEC) en 2020.

2.   Tratado entre México, Estados Unidos y Canadá (T-MEC): Es el acuerdo comercial vigente entre los tres países mencionados. Establece reglas y disposiciones para facilitar el comercio y la inversión, y abarca diversos sectores, como agricultura, servicios, propiedad intelectual y comercio electrónico.

3.   Acuerdo de Asociación Transpacífico (TPP): Fue un acuerdo negociado entre 12 países de la región Asia-Pacífico, que buscaba establecer un marco de cooperación económica y comercial. Aunque Estados Unidos se retiró del acuerdo en 2017, los demás países firmantes continuaron adelante y firmaron el Acuerdo Integral y Progresivo para la Asociación Transpacífico (CPTPP).

4.   Acuerdo Integral y Progresivo para la Asociación Transpacífico (CPTPP): Es un acuerdo firmado por 11 países de la región Asia-Pacífico, incluyendo a Japón, Canadá, Australia, Nueva Zelanda y otros. Establece reglas y disposiciones para el comercio de bienes y servicios, la propiedad intelectual, la inversión y otros aspectos relacionados.

5.   Tratado de Libre Comercio entre la Unión Europea y Canadá (CETA): Es un acuerdo comercial entre la Unión Europea y Canadá que busca eliminar barreras comerciales y promover el comercio y la inversión. Incluye disposiciones sobre la liberalización del comercio de bienes y servicios, la protección de la propiedad intelectual y la resolución de disputas.

6.   Acuerdo de Asociación Económica Integral Regional (RCEP): Es un acuerdo firmado en 2020 por 15 países de la región de Asia y el Pacífico, incluyendo a China, Japón, Corea del Sur y los países de la ASEAN. Es el acuerdo comercial más grande del mundo en términos de

población y PIB. Busca promover la liberalización del comercio de bienes y servicios, la inversión y la cooperación económica en la región.

Estos son solo algunos ejemplos de tratados internacionales relevantes para el comercio. Cada tratado tiene sus propias disposiciones y alcance, y es importante consultar los textos completos y actualizados de los acuerdos para obtener información más detallada sobre sus contenidos y efectos legales.

EXPLICACION DISCUSION Y ANALISIS DE ESTOS CONTRATOS

1. Compraventa 2. Permuta 3. Arrendamiento 4. Préstamos 5. Fianza 6. Prenda 7. Hipoteca 8. Depósito 9. Aparcamiento

1.   Compraventa: La compraventa es un contrato mediante el cual una persona, denominada vendedor, se compromete a transferir la propiedad de un bien o servicio a otra persona, llamada comprador, a cambio de un precio determinado. Por ejemplo, cuando una persona compra un automóvil a un concesionario, se establece un contrato de compraventa en el que se acuerda el precio y las condiciones de transferencia de la propiedad.

2.   Permuta: La permuta es un contrato en el cual dos partes acuerdan intercambiar bienes o servicios de igual valor. En este caso, no se involucra dinero como contraprestación, sino un trueque directo. Por ejemplo, si dos personas deciden intercambiar un televisor por una bicicleta, se estaría llevando a cabo una permuta.

3.   Arrendamiento: El arrendamiento es un contrato mediante el cual una persona, llamada arrendador, cede el uso y goce de un bien a otra persona, llamada arrendatario, a cambio de un pago periódico conocido como renta. Por ejemplo, cuando una persona alquila un apartamento a un propietario, se celebra un contrato de arrendamiento en el que se establecen las condiciones de uso y el monto de la renta.

4.   Préstamos: El préstamo es un contrato en el cual una persona, denominada prestamista, entrega una cantidad de dinero o bienes fungibles a otra persona, llamada prestatario, quien se compromete a devolver el préstamo en un plazo determinado y a pagar los intereses acordados. Por ejemplo, cuando una persona solicita un préstamo a un banco para comprar una casa, se

establece un contrato de préstamo en el que se fijan las condiciones de pago y los intereses a pagar.

5. Fianza: La fianza es un contrato en el cual una persona, denominada fiador, se compromete a responder por las obligaciones de otra persona, llamada deudor principal, en caso de que este último no cumpla con sus compromisos. Por ejemplo, cuando una persona solicita un préstamo y se requiere un fiador, se establece un contrato de fianza en el que el fiador asume la responsabilidad de pagar la deuda en caso de incumplimiento por parte del deudor.

6. Prenda: La prenda es un contrato en el cual una persona, llamada deudor, entrega un bien mueble como garantía de una deuda. En caso de incumplimiento, el acreedor tiene el derecho de quedarse con el bien dado en prenda. Por ejemplo, cuando una persona solicita un préstamo y ofrece su automóvil como garantía, se establece un contrato de prenda en el que se establecen las condiciones de la garantía y los derechos del acreedor.

7. Hipoteca: La hipoteca es un contrato en el cual una persona, llamada deudor, ofrece un bien inmueble como garantía de una deuda. En caso de incumplimiento, el acreedor tiene el derecho de ejecutar la hipoteca y proceder a la venta del bien para satisfacer la deuda. Por ejemplo, cuando una persona solicita un préstamo hipotecario para comprar una casa, se establece un contrato de hipoteca en el que se establecen los términos de la garantía y los derechos del acreedor.

8. Contrato Mercantil de Depósito

El contrato mercantil de depósito es un acuerdo legal mediante el cual una persona (depositante) entrega bienes muebles a otra persona (depositario) para su custodia, cuidado y conservación. Este tipo de contrato se rige por las normas del derecho mercantil y establece los derechos y obligaciones de ambas partes involucradas.

Definiciones:

1. Depositante: Es la persona que entrega los bienes en depósito al depositario. El depositante conserva la propiedad de los bienes mientras están bajo custodia del depositario.
2. Depositario: Es la persona o entidad que recibe los bienes en depósito y se compromete a su cuidado y custodia. El depositario debe actuar de manera diligente y responsable en el manejo de los bienes depositados.

3. Bienes depositados: Son los objetos o mercancías entregados por el depositante al depositario. Pueden ser cualquier tipo de bien mueble, como productos, materias primas, documentos, obras de arte, entre otros.
4. Obligaciones del depositante: El depositante debe entregar los bienes en buen estado y proporcionar al depositario la información necesaria sobre los mismos. Además, debe pagar las tarifas acordadas por el servicio de depósito.
5. Obligaciones del depositario: El depositario debe cuidar y conservar adecuadamente los bienes depositados, tomando las precauciones necesarias para evitar su deterioro o pérdida. También debe permitir al depositante inspeccionar los bienes depositados si así se acuerda.

Ejemplo:

María es dueña de una tienda de antigüedades y desea almacenar sus productos en un lugar seguro mientras realiza algunas mejoras en su establecimiento. Se pone en contacto con una empresa de almacenamiento que ofrece servicios de depósito. Ambas partes acuerdan celebrar un contrato mercantil de depósito.

María, como depositante, entrega las piezas de antigüedades a la empresa de almacenamiento, el depositario. Estas piezas son bienes valiosos y únicos que María desea conservar en buen estado durante el tiempo que dure la remodelación de su tienda.

La empresa de almacenamiento, como depositario, se compromete a mantener las piezas de antigüedades en un lugar seguro, protegidas de daños y robos. Se establece un período de depósito acordado y se establece una tarifa por el servicio de almacenamiento.

Durante el período de depósito, María tiene el derecho de inspeccionar las piezas de antigüedades para asegurarse de que se mantienen en buen estado. Si en algún momento María decide retirar los bienes, la empresa de almacenamiento está obligada a devolvérselos en el mismo estado en que fueron depositados.

En este ejemplo, el contrato mercantil de depósito permite a María resguardar sus valiosas piezas de antigüedades mientras realiza las mejoras en su tienda, asegurándose de su cuidado y conservación hasta que decida recuperarlas.

Es importante destacar que los personajes mencionados en el ejemplo son ficticios y se utilizan con fines ilustrativos.

Regenerate response
9.

FORMAS DE HACER NEGOCIO

Discusión con ejemplos de formas de hacer negocio

Existen diversas formas de hacer negocios, y cada una tiene sus propias características y consideraciones legales. A continuación, se presentan algunas de las formas más comunes de hacer negocios y se discuten con ejemplos:

1.   Negocio unipersonal: También conocido como empresario individual, es una forma de negocio en la que una sola persona es responsable de todas las decisiones y responsabilidades. Por ejemplo, un freelance que ofrece servicios de diseño gráfico de forma independiente.

2.   Sociedad de responsabilidad limitada (SRL): Es una forma de asociación en la que dos o más personas se unen para formar una empresa y limitar su responsabilidad a la cantidad de capital que han invertido. Por ejemplo, dos amigos deciden abrir un restaurante juntos y establecen una SRL para gestionarlo.

3.   Sociedad anónima (SA): Es una forma de sociedad en la que el capital de la empresa está dividido en acciones y los accionistas tienen responsabilidad limitada. Por ejemplo, una empresa de tecnología decide cotizar en bolsa y se convierte en una sociedad anónima.

4.   Franquicia: Es un acuerdo en el que una empresa (franquiciador) otorga a otra persona o empresa (franquiciado) el derecho de operar un negocio utilizando su marca, métodos y productos. Por ejemplo, una cadena de restaurantes de comida rápida otorga franquicias a emprendedores que desean abrir sucursales en diferentes ubicaciones.

5.   Cooperativa: Es una forma de organización en la que los miembros participan en la propiedad y toma de decisiones de la empresa de manera democrática. Por ejemplo, un grupo de agricultores se asocia para formar una cooperativa que se encarga de la producción y comercialización conjunta de sus productos.

6.   Joint Venture: Es una asociación temporal entre dos o más empresas con el objetivo de llevar a cabo un proyecto o negocio específico. Por ejemplo, dos empresas de construcción se unen para trabajar en un proyecto de infraestructura de gran envergadura.

7.   Contrato de distribución: Es un acuerdo en el que una empresa otorga a otra el derecho de distribuir sus productos o servicios en una determinada área geográfica. Por ejemplo, un

fabricante de productos electrónicos firma un contrato de distribución con una empresa local para vender sus productos en un país extranjero.

Estos son solo algunos ejemplos de formas de hacer negocios. Cada una tiene implicaciones legales específicas en términos de responsabilidad, estructura de gestión, obligaciones fiscales y más. Es importante que los emprendedores y empresarios consulten con profesionales legales y contables para comprender completamente los aspectos legales y regulatorios asociados a la forma de negocio que desean establecer.

BREVE DISCUSION DE LAS CORPORACIONES

:

8.   Corporación: Una corporación es una entidad legal separada de sus propietarios, conocidos como accionistas. Se trata de una estructura empresarial más compleja y formal, en la que la responsabilidad de los accionistas está limitada al capital que han invertido en la empresa. Una corporación tiene una estructura de gobierno con una junta directiva que toma decisiones estratégicas y un cuerpo ejecutivo encargado de la gestión diaria.

La corporación emite acciones a los accionistas, quienes poseen una participación proporcional en la empresa y tienen derecho a recibir dividendos y participar en las decisiones importantes. Además, las corporaciones tienen la capacidad de emitir deuda en forma de bonos corporativos para financiar sus actividades.

Un ejemplo de una corporación es una empresa multinacional de tecnología con miles de accionistas que cotiza en bolsa. Los accionistas poseen acciones de la empresa y reciben dividendos en función de sus inversiones. La empresa tiene una estructura de gobierno corporativo y está sujeta a regulaciones específicas relacionadas con la presentación de informes financieros, la gobernanza corporativa y otros aspectos legales.

Es importante destacar que cada forma de negocio tiene sus propias ventajas y desventajas, así como implicaciones legales y financieras. Los empresarios deben considerar cuidadosamente sus objetivos comerciales, la estructura de propiedad deseada y las consideraciones legales antes de elegir la forma de negocio más adecuada para sus necesidades.

INSTRUMENTOS NEGOCIABLES

Los instrumentos negociables son documentos financieros que representan un derecho de pago o un valor negociable. Estos instrumentos son utilizados en transacciones comerciales y financieras para facilitar el intercambio de bienes, servicios o dinero. A continuación, se explican algunos ejemplos de instrumentos negociables:

1.   Letra de cambio: Es un documento en el cual una persona (librador) ordena a otra persona (librado) el pago de una determinada cantidad de dinero en una fecha futura. Por ejemplo, una empresa emite una letra de cambio a su proveedor para pagar una deuda en un plazo determinado.

2.   Cheque: Es un documento mediante el cual una persona (librador) da instrucciones a su entidad bancaria para que pague una determinada cantidad de dinero a otra persona (beneficiario). Por ejemplo, un comerciante emite un cheque a un proveedor como forma de pago por los bienes o servicios recibidos.

3.   Pagaré: Es un documento en el cual una persona (suscriptora) se compromete a pagar una suma de dinero a otra persona (tenedora) en una fecha específica. A diferencia de la letra de cambio, el pagaré es una promesa de pago emitida por el deudor. Por ejemplo, una empresa emite un pagaré a un prestamista como garantía de pago de un préstamo.

4.   Certificado de depósito: Es un documento emitido por una institución financiera que representa la propiedad de ciertos bienes depositados. Por ejemplo, una empresa puede recibir un certificado de depósito al depositar mercancías en un almacén.

5.	Bonos: Son instrumentos de deuda emitidos por una entidad (empresa o gobierno) para financiar sus actividades. Los bonos representan un préstamo que el emisor debe pagar en una fecha futura, junto con los intereses correspondientes. Por ejemplo, una empresa emite bonos en el mercado financiero para recaudar capital y los inversores que los adquieren recibirán pagos de intereses y el reembolso del capital al vencimiento.

Estos son solo algunos ejemplos de instrumentos negociables. Cada uno de ellos tiene características específicas, términos y condiciones que los regulan. Los instrumentos negociables facilitan el comercio y la inversión al proporcionar una forma estandarizada y segura de documentar y transferir derechos de pago o valores.

LEY DE QUIEBRA FEDERAL Y SU REALCION CON PUERTO RICO

La Ley de Quiebras Federal, también conocida como el Código de Quiebras de los Estados Unidos, es una legislación que establece las normas y procedimientos para la declaración de quiebra tanto a nivel individual como empresarial. Aunque Puerto Rico es un territorio no incorporado de los Estados Unidos, la Ley de Quiebras Federal se aplica a Puerto Rico a través de la extensión de las leyes federales.

La Ley de Quiebras Federal proporciona un marco legal para que las personas y las empresas puedan liquidar sus deudas o reorganizar sus finanzas cuando no pueden cumplir con sus obligaciones financieras. A ~~continuación~~continuación, se presentan los principales aspectos de la Ley de Quiebras Federal y su aplicación a Puerto Rico:

1.	Capítulos de la Ley de Quiebras: La Ley de Quiebras Federal se divide en varios capítulos, siendo los más comunes el Capítulo 7, el Capítulo 11 y el Capítulo 13. Cada capítulo tiene diferentes requisitos y objetivos:

- Capítulo 7: Aplica a la liquidación de deudas tanto para individuos como para empresas. En este capítulo, un síndico es designado para liquidar los activos del deudor y distribuir los fondos entre los acreedores.

- Capítulo 11: Se utiliza para la reorganización de empresas y permite a las empresas continuar sus operaciones mientras desarrollan un plan de reestructuración para pagar sus deudas.

- Capítulo 13: Aplica a individuos con ingresos regulares que desean desarrollar un plan de pago para sus deudas. Los deudores pueden retener sus activos y pagar sus deudas en un período de tres a cinco años.

2. Proceso de presentación: Para declarar la quiebra bajo la Ley de Quiebras Federal, los individuos y las empresas deben presentar una petición en un tribunal de quiebras. Se deben proporcionar detalles financieros completos, incluyendo activos, pasivos, ingresos y gastos.

3. Protección automática: Una vez que se presenta la petición de quiebra, se establece una "protección automática" que impide que los acreedores tomen medidas legales para cobrar las deudas. Esto brinda al deudor un respiro y tiempo para desarrollar un plan de reorganización o liquidación.

4. Administración de activos: En el caso de la liquidación de activos, el síndico o administrador designado se encarga de recolectar y vender los activos del deudor. Los fondos obtenidos se distribuyen entre los acreedores según el orden de prioridad establecido por la ley.

5. Plan de reorganización: En el caso de la reorganización, el deudor debe desarrollar un plan que establezca cómo pagará sus deudas y reestructurará su negocio. El plan debe ser aprobado por el tribunal y los acreedores antes de su implementación.

En Puerto Rico, la Ley de Quiebras Federal se aplica a través del Tribunal de Quiebras de los Estados Unidos para el Distrito de Puerto Rico. Sin embargo, es importante tener en cuenta que Puerto Rico tiene su propia ley de quiebras local, conocida como la Ley de Quiebras de Puerto Rico. Esta ley proporciona ciertas disposiciones adicionales y ajustes para la declaración de quiebra en el territorio.

En resumen, la Ley de Quiebras Federal establece las reglas y los procedimientos para la declaración de quiebra en los Estados Unidos, y su aplicación se extiende a Puerto Rico. Brinda a las personas y las empresas una opción legal para liquidar sus deudas o reorganizar sus finanzas cuando enfrentan dificultades financieras.

EJEMPLOS DE COMO APLICA DICHA LEY DE QUIEBRAS

1.   Ejemplo de Capítulo 7: Una persona en Puerto Rico que ha acumulado una gran cantidad de deudas de tarjetas de crédito y no puede hacer frente a los pagos mensuales podría optar por declararse en quiebra bajo el Capítulo 7. En este caso, un síndico sería designado para liquidar los activos no exentos del deudor, como propiedades adicionales o vehículos de lujo, y distribuir los fondos obtenidos entre los acreedores. Una vez que la quiebra se ha completado, el deudor queda liberado de la responsabilidad de pagar las deudas descargables.

2.   Ejemplo de Capítulo 11: Una empresa en Puerto Rico que está experimentando dificultades financieras ~~significativas~~significativas, pero tiene activos y un negocio viable podría optar por presentar una petición bajo el Capítulo 11. La empresa desarrollaría un plan de reorganización para pagar a sus acreedores a lo largo del tiempo mientras continúa operando. Por ejemplo, una cadena de tiendas minoristas en Puerto Rico podría cerrar algunas ubicaciones no rentables, renegociar contratos de arrendamiento y desarrollar un plan de pagos para sus proveedores y acreedores. El objetivo sería reestructurar la empresa y garantizar su supervivencia a largo plazo.

3.   Ejemplo de Capítulo 13: Un individuo en Puerto Rico con ingresos regulares pero que enfrenta dificultades para pagar sus deudas podría elegir el Capítulo 13. En este caso, el individuo desarrollaría un plan de pagos que se extendería a lo largo de tres a cinco años para pagar una parte o la totalidad de sus deudas. Por ejemplo, una persona en Puerto Rico con atrasos en los pagos de su hipoteca podría presentar una petición bajo el Capítulo 13 para

detener una ejecución hipotecaria y desarrollar un plan para ponerse al día con los pagos atrasados a lo largo del tiempo.

Estos son solo ejemplos ilustrativos de cómo la Ley de Quiebras Federal puede aplicarse en situaciones reales en Puerto Rico. Es importante tener en cuenta que cada caso es único y requerirá una evaluación detallada de las circunstancias individuales antes de determinar el capítulo de quiebra más apropiado y desarrollar un plan de acción específico.

REFLEXIONES SOBRE EL DERECHO MERCANTIL

Introducción: El Derecho Mercantil, también conocido como Derecho Comercial, es una rama del derecho que regula las actividades comerciales y las relaciones entre los distintos actores del mundo empresarial. Se encarga de establecer las normas y principios legales que rigen la organización, funcionamiento y desarrollo de las empresas, así como las transacciones comerciales y financieras que estas llevan a cabo. En este capítulo introductorio, exploraremos los fundamentos y principios básicos del Derecho Mercantil, así como su importancia en el ámbito empresarial.

I. Concepto y ámbito del Derecho Mercantil: El Derecho Mercantil se refiere al conjunto de normas jurídicas que regulan las relaciones entre comerciantes, así como las actividades comerciales en general. Su ámbito de aplicación abarca diversos aspectos, como la constitución y organización de sociedades mercantiles, contratos comerciales, propiedad intelectual, competencia desleal, quiebras y concursos mercantiles, entre otros.

II. Principios del Derecho Mercantil:

1. Principio de autonomía de la voluntad: Se reconoce la libertad de las partes para celebrar contratos y acuerdos comerciales, siempre y cuando no contravengan la ley.

2. Principio de buena fe: Las partes involucradas en transacciones comerciales deben actuar de manera honesta, leal y transparente.

3. Principio de legalidad: Las actividades comerciales deben realizarse dentro del marco legal establecido por las leyes mercantiles.

4. Principio de especialidad: El Derecho Mercantil se aplica de manera especializada a las actividades y relaciones comerciales.

5. Principio de protección a terceros de buena fe: Se protege la confianza depositada por terceros en las operaciones comerciales.

CASOS PARA ESTUDIO SOBRE LA MATERIA (Case(Case Studies) YStudies) Y PREGUNTAS PARA DISCUSION

Caso de estudio 1: "Contrato de compraventa internacional"

Personajes:

1. Empresa Exportadora S.A. (Puerto Rico): Es una empresa dedicada a la fabricación y exportación de productos alimenticios. Cuenta con una amplia experiencia en el mercado internacional y busca expandir su presencia en otros países.

2. Importadora Internacional S.A. (País extranjero): Es una empresa importadora y distribuidora de productos alimenticios en el país extranjero. Está interesada en adquirir los productos de la Empresa Exportadora S.A. para satisfacer la demanda local.

Contexto: La Empresa Exportadora S.A. y la Importadora Internacional S.A. han establecido contacto para negociar un contrato de compraventa internacional. Ambas partes desean formalizar un acuerdo para la adquisición y envío de los productos alimenticios fabricados por la Empresa Exportadora S.A.

Desarrollo del caso:

1. Negociación y términos del contrato: Los representantes de ambas empresas se reúnen para discutir los términos y condiciones del contrato. Se acuerda el precio, la cantidad, las especificaciones de los productos, los plazos de entrega y los términos de pago. Ambas partes desean asegurarse de que los términos sean equitativos y beneficiosos para ambas empresas.

2. Selección de la ley aplicable: Dado que se trata de una transacción internacional, las partes deben acordar la ley que regirá el contrato. Después de una exhaustiva evaluación, deciden que la legislación mercantil de Puerto Rico será aplicable al contrato.

3. Cumplimiento y entrega: La Empresa Exportadora S.A. se encarga de preparar y empaquetar los productos según las especificaciones acordadas. Los productos son enviados y entregados en el país extranjero dentro del plazo acordado. Se realizan inspecciones de calidad para garantizar que los productos cumplan con los estándares requeridos.

4. Resolución de conflictos: Durante el proceso de transporte, algunos productos sufren daños debido a circunstancias imprevistas. La Importadora Internacional S.A. presenta una reclamación a la Empresa Exportadora S.A. para compensar los productos dañados. Ambas partes intentan resolver el conflicto a través de la negociación y la mediación, evitando así recurrir a un litigio costoso.

Caso de estudio 2: "Responsabilidad de una empresa por publicidad engañosa"

Personajes:

1. Empresa de Productos Milagrosos S.A.: Es una empresa que fabrica y comercializa suplementos alimenticios. Lanza una campaña publicitaria promocionando un producto como una "solución milagrosa" para perder peso rápidamente sin ningún esfuerzo adicional.

2. Consumidor/a: Es una persona que ve la publicidad del producto y decide adquirirlo basándose en las afirmaciones engañosas de la Empresa de Productos Milagrosos S.A.

Contexto: La Empresa de Productos Milagrosos S.A. lanza una campaña publicitaria agresiva en la que promociona su nuevo suplemento alimenticio como una forma rápida y efectiva de perder peso sin cambios en la dieta o el estilo de vida. El Consumidor/a, intrigado/a por las promesas de resultados rápidos, decide comprar el producto.

Desarrollo del caso:

1. Adquisición del producto: El Consumidor/a adquiere el suplemento alimenticio basándose en la publicidad engañosa de la Empresa de Productos Milagrosos S.A. El Consumidor/a espera obtener los resultados prometidos en la publicidad.

2. Incumplimiento de las promesas: Después de usar el producto durante un período de tiempo, el Consumidor/a no logra los resultados esperados. Se siente engañado/a y considera que la publicidad fue engañosa y fraudulenta.

3. Acción legal: El Consumidor/a decide emprender acciones legales contra la Empresa de Productos Milagrosos S.A. por publicidad engañosa. Contrata a un abogado especializado en derecho mercantil y presenta una demanda para buscar una compensación por los daños y perjuicios sufridos.

4. Evaluación del caso: El tribunal evalúa las pruebas presentadas por ambas partes, incluyendo la publicidad, los testimonios de expertos y los informes científicos. Se debe determinar si la publicidad fue engañosa y si la Empresa de Productos Milagrosos S.A. es responsable por las afirmaciones falsas y los daños causados al Consumidor/a.

5. Sentencia y consecuencias: El tribunal emite una sentencia a favor del Consumidor/a, reconociendo que la publicidad fue engañosa y que la Empresa de Productos Milagrosos S.A. es responsable por los daños causados. La empresa puede ser condenada a pagar una compensación al Consumidor/a y puede enfrentar sanciones adicionales impuestas por las autoridades reguladoras por violar las leyes de protección al consumidor.

PREGUNTAS PARA ESTUDIO

1. ¿Cuáles son los elementos clave que deben considerarse al negociar un contrato de compraventa internacional?

2. ¿Cuáles son las implicaciones de seleccionar la ley aplicable en un contrato internacional?

3. ¿Cómo se resuelven los conflictos en un contrato de compraventa internacional?

4. ¿Cuáles son las responsabilidades legales de una empresa por publicidad engañosa?

5. ¿Qué acciones puede tomar un consumidor/a en caso de publicidad engañosa?

6. ¿Cuál es el proceso legal para resolver un conflicto relacionado con la responsabilidad por publicidad engañosa?

7. ¿Cuáles son las posibles consecuencias legales para una empresa que utiliza publicidad engañosa?

8. ¿Cuáles son las medidas legales y regulaciones existentes para proteger a los consumidores contra la publicidad engañosa?

9. ¿Cómo se determina la responsabilidad de una empresa en un caso de publicidad engañosa?

10. ¿Cuál es el papel de los tribunales y las autoridades reguladoras en casos de publicidad engañosa?

Estas preguntas te invitan a reflexionar sobre los temas presentados en los casos de estudio y a profundizar en la comprensión del Derecho Mercantil y su aplicación en situaciones prácticas. Te animo a investigar más y analizar diferentes perspectivas para enriquecer tu comprensión en esta área legal.

CONCLUSIONES

En este proyecto, se llevó a cabo una investigación exhaustiva sobre [tema específico], con el objetivo de analizar [mencionar los objetivos del estudio]. A través de la revisión de literatura y el análisis de datos recopilados, se han obtenido varios hallazgos y se han identificado implicaciones significativas en relación acon relación a [tema específico]. A continuación, se presentarán las conclusiones clave obtenidas a partir de este estudio.

Recapitulación de los hallazgos
En primer lugar, se resumen los hallazgos clave que surgieron de la revisión de literatura y el análisis de datos:

Hallazgo 1: [Describir el hallazgo clave 1].

Hallazgo 2: [Describir el hallazgo clave 2].
Hallazgo 3: [Describir el hallazgo clave 3].
Estos hallazgos son consistentes con la literatura existente y proporcionan un mayor entendimiento sobre [tema específico].

Implicaciones teóricas y prácticas
Las conclusiones de este proyecto tienen importantes implicaciones tanto teóricas como prácticas. En términos teóricos, los hallazgos contribuyen a [mencionar las teorías o marcos conceptuales existentes] al proporcionar evidencia empírica adicional y apoyar su aplicabilidad en el contexto de [tema específico]. Estos hallazgos también pueden ayudar a abrir nuevas áreas de investigación y a fomentar el desarrollo de teorías más sólidas en el campo.

En términos prácticos, las conclusiones tienen implicaciones significativas para [mencionar los actores o sectores relevantes]. Por ejemplo, los resultados obtenidos pueden ser utilizados por [mencionar las partes interesadas] para mejorar [mencionar los procesos, políticas o prácticas]. Además, las implicaciones prácticas pueden extenderse a [mencionar otros contextos o situaciones relevantes], donde las recomendaciones derivadas de este estudio podrían ser aplicables.

Limitaciones y recomendaciones para futuras investigaciones
Es importante reconocer las limitaciones de este estudio, ya que pueden afectar la generalización y la aplicabilidad de los hallazgos. Algunas limitaciones identificadas incluyen [mencionar las limitaciones, como el tamaño de la muestra, los sesgos potenciales o las restricciones metodológicas]. Estas limitaciones brindan oportunidades para futuras investigaciones que podrían abordar estas cuestiones pendientes y ampliar la comprensión de [tema específico].

Con base en los hallazgos y las limitaciones identificadas, se pueden hacer recomendaciones para futuras investigaciones. Por ejemplo, sería beneficioso realizar un estudio más amplio con una muestra diversa para confirmar los resultados encontrados en este proyecto. Asimismo, se sugiere explorar [mencionar posibles aspectos o variables no abordados en el estudio actual] para ampliar el alcance del conocimiento sobre [tema específico].

Reflexión sobre el valor y las contribuciones del estudio
En general, este proyecto ha proporcionado una visión más clara y detallada sobre [tema específico], al consolidar y analizar de manera sistemática la literatura existente y los datos recopilados. Los hallazgos y las conclusiones obtenidas contribuyen al conocimiento académico en el campo de [tema específico], ofreciendo una base sólida para futuras investigaciones y aplicaciones prácticas.

Es importante destacar que este estudio no es concluyente y representa una contribución inicial en el área de [tema específico]. Se alienta a los investigadores a seguir explorando y ampliando la comprensión sobre [tema específico], utilizando este estudio como punto de partida y referencia.

APENDICE A

LOS APÉNDICES SON SECCIONES SUPLEMENTARIAS QUE BRINDAN INFORMACIÓN ADICIONAL, AMPLIACIONES O DETALLES TÉCNICOS RELEVANTES PARA EL CONTENIDO PRINCIPAL DEL LIBRO. SON RECURSOS ÚTILES PARA AQUELLOS LECTORES QUE DESEEN PROFUNDIZAR EN TEMAS ESPECÍFICOS SIN INTERRUMPIR LA LECTURA PRINCIPAL DEL LIBRO.

ÍNDICE TEMÁTICO

Derecho mercantil

Te explicamos qué es el derecho mercantil. Importancia, características, fuentes y ramas de del derecho mercantil.

50

Ejemplos de aplicación.

Escuchar

2 min. de lectura

Un ejemplo lo constituyen los acuerdos y regulaciones comerciales internacionales.
¿Qué es el derecho mercantil?

El derecho mercantil o *derecho comercial* es una rama particular del derecho privado, que tiene como objetivo **normar y acompañar las dinámicas de intercambio de bienes y servicios**, es decir, los actos comerciales contemplados en la ley, así como las implicaciones jurídicas que se desprendan de ellos.

En otras palabras, el derecho mercantil **vela por el correcto desenvolvimiento de la actividad económica** y establece el marco de intervención de los poderes públicos en caso de que fuera necesario, como en el caso de la protección a los consumidores. El sistema financiero, en particular, se encuentra fuertemente vigilado, dadas las enormes sumas de dinero que moviliza.

Así, esta rama del derecho tiene que ver con las relaciones entre distintas empresas, entre ellas y su clientela, entre vendedores y compradores, e incluso con los mecanismos para fundar una empresa o abrir un comercio.

En variantes del derecho como el anglosajón, sin embargo, este derecho no tiene un enfoque unido, sino que consiste en distintas parcelas legales que no tienen una relación estrecha entre sí, como sí ocurre con el derecho mercantil.

Ver~~Ver,~~ Ver, además: **Derecho constitucional**

Características del derecho mercantil

El derecho mercantil se considera del siguiente modo:

- **Es un derecho profesional.** Es decir, atañe al oficio específico de un sector profesional (el comercial y empresarial).

- **Es individualista.** Pues no suele considerar las transacciones en que intervienen los poderes públicos, sino que se centra en el derecho privado.

- **Es consuetudinario.** Ya que se basa en la tradición comercial de los países.

- **Es progresivo**, pues se actualiza conforme cambian las condiciones del ejercicio comercial.

- **Es global o internacionalizado.** Dado que supera las fronteras nacionales y regula también las transacciones comerciales internacionales entre particulares o empresas trasnacionales.

Fuentes del derecho mercantil

El derecho mercantil se desarrolla primordialmente a partir de tres fuentes:

- **La ley.** Dado que el derecho mercantil es también una forma de derecho positivo, posee una normativa escrita y publicada de los códigos y condiciones que constituyen la ley mercantil. De haber lagunas en ello, regirá el Derecho común en su lugar.

- **La costumbre.** Dado que el comercio es muy anterior al surgimiento de esta rama del derecho, ella es heredera de las tradiciones y usanzas comerciales específicas de su comunidad o región.

- **La jurisprudencia.** Los distintos organismos mercantiles nacionales e internacionales interpretan la ley para zanjar disputas, y crean así un corpus de decisiones históricas que sirve de base para futuras leyes y decisiones.

Ramas del derecho mercantil

El derecho mercantil se subdivide en las siguientes ramas especializadas:

- **Derecho bancario.** Aquel que regula el ejercicio de los bancos y otras entidades financieras similares.

- **Derecho concursal.** Que contiene las normas sustantivas y procesales en todo lo referente a deudas y acreedores.

- **Derecho contractual.** Aquel que tiene que ver con los contratos, las obligaciones y derechos adquiridos de manera voluntaria al firmar un documento.

- **Derecho societario.** También llamado derecho de sociedades o derecho corporativo, se ocupa de los sujetos empresariales y sus formas de asociación.

- **Derecho de propiedad industrial.** Aquel que defiende el ejercicio productivo, la creatividad industrial y el modo en que operan, se fundan y crecen las actividades industriales.

- **Derecho cambiario.** Vinculado con la normativa de títulos de valores, acciones e inversiones.

- **Derecho marítimo.** Aquel que regula el intercambio de bienes y servicios entre países y/o regiones, mediante la marina mercante.

Importancia del derecho mercantil

El derecho mercantil es **una rama clave del ejercicio jurídico para perseguir la justicia y la equidad económica**, y combatir la corrupción y el delito económico, al poner reglas claras y normativas para todo acto comercial.

Ventas, compras, alquileres, fundaciones empresariales, todo pacto financiero y económico de intercambio de bienes constituye la base del flujo de las riquezas en las naciones, más aún en las épocas de la globalización económica.

Ejemplos de derecho mercantil

Un ejemplo simple de la aplicación del derecho mercantil lo constituyen **los acuerdos y regulaciones comerciales internacionales**, que regulan y protegen el flujo de materia prima, bienes manufacturados y otros bienes y servicios entre una región geográfica y otra. Estos tratados internacionales financieros y de libre comercio forman parte del derecho mercantil internacional.

Otro ejemplo posible lo constituyen **los pagarés y compromisos de pago**, que son documentos legales firmados por las partes involucradas en los que se adquiere ante la ley y la justicia un compromiso de pago, como pago de prestación de servicios o de bienes recibidos

-

¿~~Cómo~~Como **citar?**

"Derecho mercantil". Autor: Equipo editorial, Etecé. De: Argentina. Para: *Concepto.de*. Disponible en: https://concepto.de/derecho-mercantil/. Última edición: 2 de diciembre de 2021. Consultado: 18 de mayo de 2023
Sobre el autor
Editorial Etecé
Última edición: 2 diciembre, 2021

Revisado por Equipo editorial, Etecé
¿Te fue útil esta información?

SOBRE EL AUTOR

Editorial Etecé

Última edición: 2 diciembre, 2021

Revisado por Equipo editorial, Etecé

-

Fuente: https://concepto.de/derecho-mercantil/#ixzz82A4I4fDw

APENDICE B

Para fines informativos copio el Excelente Prontuario dek curso sobre la materia de este trabajo, El derecho mercanti, ofrecido por la Universidad Interamericana de Puerto ~~Rico; Gestiones~~Rico: Gestiones de esta naturaleza engandecen la academia en Puero Rico.

UNIVERSIDAD INTERAMERICANA DE PUERTO RICO
RECINTO METROPOLITANO
FACULTAD DE CIENCIAS ECONÓMICAS Y ADMINISTRATIVAS
ESCUELA DE GERENCIA

PRONTUARIO

I. INFORMACION GENERAL

TITULO DEL CURSO: ~~: DD~~erecho Mercantil
    CÓDIGO Y NÚMERO   : BADM 3313
    CRÉDITOS   : TRES (3)
TERMINO ACADEMICO
    PROFESOR
    HORAS DE OFICINA
    TELEFONO DE LA OFICINA
    CORREO ELECTRONICO

II. DESCRIPCIÓN

Análisis de los principios y requisitos que regulan la ~~contratación civil~~contratación civil y mercantil. Leyes aplicables según el código de ~~comercio, código~~comercio, código civil, la jurisprudencia y leyes especiales. ~~Incluye, además~~Incluye, además, las leyes y reglamentos que regulan la ~~organización, funcionamiento~~organización, funcionamiento y responsabilidades de los tipos de ~~organización empresarial~~organización empresarial. Instrumentos negociables típicos y ~~derechos aplicables~~derechos aplicables. Tendencias contemporáneas del derecho mercantil. Requisito MAEC 2211 y MAEC 2212

III. OBJETIVOS

A. Objetivos terminales

El contenido del curso está enmarcado en varias unidades ~~de estudio~~de estudio. Al completar cada unidad, los(as) estudiantes ~~habrán logrado~~habrán logrado lo siguiente:

1.1 Conocer los antecedentes históricos de diferentes tipos de
derechos concomitantes al derecho mercantil.
1.2 Identificar en qué consiste el Derecho Mercantil y las fuentes ~~que lo~~que lo nutren como lo
son: el Código de Comercio, Código Civil, ~~la jurisprudencia~~la jurisprudencia y las leyes
especiales aplicables.
1

1.3 Precisar la naturaleza de la contratación mercantil y ~~comparar ésta~~comparar ésta con la
contratación civil pudiendo establecer sus diferencias.   1.4 Identificar quiénes se consideran
comerciantes ante la ley y
precisar los requisitos para serlo.

2.1 Identificar los principios, reglas y requisitos que rigen toda
contratación civil y mercantil.
2.2 Identificar las reglas generales que aplican a toda ~~contratación estableciendo~~contratación
estableciendo la importancia de los contratos y a quiénes ~~obligan éstos~~obligan éstos.

2.3 Explicar los elementos esenciales requeridos en toda
contratación como lo son: el objeto, el consentimiento y ~~la causa~~la causa.
2.4 Señalar las implicaciones legales del incumplimiento de los
contratos.
2.5 Definir y distinguir entre diferentes tipos de contratos como lo
son: el de agencia, préstamo, almacenaje, ~~compraventa, seguros~~compraventa, seguros, garantía,
fianza, prenda, entre otros.

3.1 Conocer el concepto de negligencia y el concepto jurídico de los
daños en el campo civil y mercantil.
3.2 Conocer los principios básicos de la responsabilidad civil ~~por daños~~por daños causados a
una persona o a su propiedad, sean ~~causados por~~causados por otra persona o por un artículo o
artefacto adquirido en ~~un negocio~~un negocio mercantil.
3.3 Distinguir entre quién es responsable y quién no cuando ~~existe una~~existe una lesión o un
daño causado por accidente o con la intención ~~de causar~~de causar el daño.

4.1 Estudiar el concepto de la propiedad intelectual y su protección
en el ámbito mercantil.
4.2 Conocer los principios básicos que regulan el derecho de
propiedad intelectual.
4.3 Reconocer la protección que brinda la ley y la jurisprudencia ~~en el~~en el Derecho Mercantil
a las marcas de fábrica, las patentes, etc.

5.1 Identificar las leyes y reglamentos que regulan la ~~organización, funcionamiento~~organización, funcionamiento y responsabilidades de los diferentes tipos ~~de organización~~de organización empresarial en Puerto Rico.
5.2 Señalar las leyes que regulan la organización y el ~~funcionamiento de~~funcionamiento de los
negocios como lo son: Ley de Corporaciones, Ley ~~de Instrumentos~~de Instrumentos
Negociables, entre otras.
2

5.3 Identificar el alcance y las responsabilidades de ~~todo comerciante~~todo comerciante que
contrata al amparo de cada una de las ~~leyes especiales~~leyes especiales que regulan los negocios
en Puerto Rico.

6.1 Analizar la Ley Federal de Quiebras vigente y su aplicación
6.2 Identificar las diferencias principales entre cada uno de los
capítulos del Código de Quiebras federal.
6.3 Conocer el vocabulario que se utiliza en los casos de quiebras. 6.4 Reconocer el
procedimiento a seguir para presentar una quiebra
y los requisitos que exige la ley federal a esos efectos.

IV. CONTENIDO TEMÁTICO

El contenido temático del curso está enmarcado en ~~varias unidades~~varias unidades de estudio,
a saber:

UNIDAD I: Introducción al Derecho Mercantil

56

(1) El Derecho Mercantil y las fuentes que lo nutren
como lo son: el Código de Comercio, Código Civil, ~~la jurisprudencia~~la jurisprudencia y las leyes especiales aplicables.

(2) La naturaleza de la contratación mercantil y la
contratación civil, similitudes y diferencias. ~~Quiénes se~~Quiénes se consideran comerciantes ante la ley y ~~los requisitos~~los requisitos para serlo.

UNIDAD II: Contratación en general y los ~~Contratos Especiales~~Contratos Especiales
(1) Las reglas generales que aplican a toda contratación
estableciendo la importancia de los contratos y ~~a quiénes~~a quiénes obligan éstos. Los elementos ~~esenciales requeridos~~esenciales requeridos en toda contratación como lo son: ~~el objeto~~el objeto, el consentimiento y la causa. ~~Las implicaciones~~Las implicaciones legales del incumplimiento de ~~los contratos~~los contratos.

(2) Los diferentes tipos de contratos como lo son: el de
agencia, préstamo, almacenaje, ~~compraventa, seguros~~compraventa, seguros, garantía, fianza, prenda, entre otros.

UNIDAD III: El Concepto de Negligencia y los Daños
(1) Los principios básicos de la responsabilidad civil ~~por daños~~por daños causados a una persona o a su propiedad, sean
3

causados por otra persona o por un artículo o ~~artefacto adquirido~~artefacto adquirido en un negocio mercantil.

(2) Quién es responsable y quién no cuando existe ~~una lesión~~una lesión o un daño causado por accidente o con ~~la intención~~la intención de causar el daño.

UNIDAD IV: La Propiedad Intelectual
(1) Los principios básicos que regulan el derecho de
propiedad intelectual.

(2) La protección que brinda la ley y la jurisprudencia en
el Derecho Mercantil a las marcas de fábrica, ~~las patentes~~las patentes, entre otros.

UNIDAD V: Organización, Funcionamiento ~~y Responsabilidades~~y Responsabilidades de los Negocios
(1) Las leyes que regulan la organización y el
funcionamiento de los negocios como lo son: Ley ~~de Corporaciones~~de Corporaciones, Ley de Instrumentos ~~Negociables, entre~~Negociables, entre otras.

(2) El alcance y las responsabilidades de todo
comerciante que contrata al amparo de cada una ~~de las~~de las leyes especiales que regulan los negocios ~~en Puerto~~en Puerto Rico.

 UNIDAD VI: La Quiebra

(1) Las diferencias principales entre cada uno de los
capítulos del Código de Quiebras federal.

(2) El procedimiento a seguir para presentar una quiebra
y los requisitos que exige la ley federal a ~~esos efectos~~esos efectos.

V. ACTIVIDADES

4

VI. EVALUACIÓN

La nota del curso será otorgada ~~de acuerdo al~~de acuerdo con el trabajo y el ~~esfuerzo demostrado~~esfuerzo demostrado por cada estudiante individualmente. Se ofrecerán tres (3~~asignaciones)~~) asignaciones y cuatro (4) exámenes a lo largo del curso.

No se aceptarán trabajos tardíos. No se aceptarán asignaciones ~~ni exámenes~~ni exámenes luego de la fecha límite para entregarlos. No se ~~repondrán asignaciones~~repondrán asignaciones ni exámenes sin distinción de persona.

VII. NOTAS ESPECIALES

1) Servicios Auxiliares o Necesidades Especiales

Todo estudiante que requiera servicios auxiliares o ~~asistencia especial~~asistencia especial deberá solicitar los mismos al inicio del curso o tan ~~pronto como~~pronto como adquiera conocimiento de que los necesita, a través ~~del registro~~del registro correspondiente en la Oficina del ~~Consejero~~consejero Profesional, ~~el Sr.~~el Sr. José Rodríguez, ubicado en el Programa de ~~Orientación Universitaria~~Orientación Universitaria (787-250-1912, exts. 2306, 2307~~).~~).

5

2) Honradez, fraude y plagio (Véase el Reglamento de Estudiantes.

La falta de honradez, fraude, plagio y cualquier ~~otro comportamiento~~otro comportamiento inadecuado con relación a la labor ~~académica constituyen~~académica constituyen infracciones mayores, sancionadas por el ~~Reglamento General~~Reglamento General de Estudiantes. Las infracciones mayores, según ~~dispone el~~dispone el Reglamento de Estudiantes pueden tener como consecuencia ~~la suspensión~~la suspensión de la Universidad por un tiempo definido mayor de ~~un año~~un año o la expulsión permanente de la Universidad, entre ~~otras sanciones~~otras sanciones.

3)Uso de dispositivos electrónicos

Se desactivarán los teléfonos celulares y cualquier otro ~~dispositivo electrónico~~dispositivo electrónico que pudiese interrumpir los procesos de enseñanza ~~y aprendizaje~~y aprendizaje o alterar el ambiente conducente a la ~~excelencia académica~~excelencia académica. Las situaciones apremiantes serán atendidas, ~~según corresponda~~según corresponda. Se prohíbe el manejo de dispositivos electrónicos ~~que permitan~~que permitan acceder, almacenar o enviar datos durante evaluaciones ~~o exámenes~~o exámenes presenciales.

VIII. RECURSOS EDUCATIVOS

LIBRO DE TEXTO ASIGNADO AL CURSO

El libro de texto que asigna la institución a este curso es ~~el siguiente~~el siguiente: R. Soltero y J. Oppenheimer: (2015). ~~Derecho Mercantil~~Derecho Mercantil, Última Edición, Publicaciones Puertorriqueñas, ~~San Juan~~San Juan.

LECTURAS, CASOS y CAPÍTULOS DEL TEXTO ASIGNADO

Las siguientes lecturas, resúmenes y casos del Tribunal ~~Supremo de~~Supremo de Puerto Rico y del Tribunal Federal de Quiebras aparecerán ~~en las~~en las unidades correspondientes desde el inicio del curso. Todos
los documentos están en formato "pdf" o en "Microsoft Word".
6

Algunas lecturas están redactadas en el idioma inglés pues ~~son material~~son material suplementario al libro de texto pues éste no ~~incluye todas~~incluye todas las materias que se cubrirán durante el curso y ~~tampoco las~~tampoco las enmiendas más recientes a las leyes y ~~reglamentos aplicables~~reglamentos aplicables. Los casos del Tribunal Supremo aparecen en español.

Los(as) estudiantes deben acceder cada lectura y cada caso ~~y leerlo~~y leerlo durante el transcurso del trimestre o semestre que ~~dure este~~dure este curso de manera que pueda contestar las asignaciones ~~y exámenes~~y exámenes que se requieran.

En ANUNCIOS en blackboard se ha puesto el Calendario ~~de Tareas~~de Tareas que corresponde a esta clase, con mención de las ~~fechas y~~fechas y horas en que estarán disponibles los exámenes y ~~las asignaciones~~las asignaciones.

UNIDAD I: Introducción al Derecho Mercantil

  Análisis de los siguientes casos:
(1) Reece v. Ariela, 122 D.P.R. 270 (1988)

(2) Pachecho v. National Western Life, 122 D.P.R. 55 (1988)
(3) Colgate v. Mistolín, 117 D.P.R. 313 (1986)
(4) Pescaderías Rosas v. Lozada, 116 D.P.R. 474 (1985)

Asignación sobre los casos anteriores

Examen de los siguientes capítulos:
(5) Capítulos del texto: 1, 5 y 16 y/o el material impreso en esta Unidad

UNIDAD II: Contratación en general y los Contratos Especiales

Análisis de los siguientes casos:
(1) Leasing Contract Act for Personal Property, 10 LPRA sec. 2401 et. seq.
(2) Marcial v. Ubiñas, 144 D.P.R. 522 (1997)
(3) Systema v. Interface, 123 D.P.R. 379 (1989)
(4) Nieves v. Bansander Leasing, 136 D.P.R. 827 (1994)

Examen de los siguientes capítulos:
(5) Capítulos del texto: 9, 10, 11, 12, 13 y 14 16 y/o el material impreso en esta Unidad

UNIDAD III: El Concepto de Negligencia y los Daños
7

(1) An Overview of Negligence
(2) The Interrelationship of Duty and Proximate Cause

Análisis de los siguientes casos:
(3) Rivera v. Superior Packaging, 132 D.P.R. 115 (1992)
(4) Santiago v. A.C.A.A., 119 D.P.R. 711 (1987)
(5) Laureano v. Soto, 141 D.P.R. 77 (1996)

Asignación sobre los casos anteriores

UNIDAD IV: La Propiedad Intelectual
    Lecturas en Blackboard:
(1) Intellectual Property Unit Summary
(2) Copyright Summary
(3) Copyright Basics

Revista del Colegio de Abogados de Puerto Rico, Vol 69 Núm. 1 - 2008
(1) Esteban Andujar Aroca, "El Principio de Restauración de los Derechos de Autor".
(2) Pedro F. Silva-Ruiz, "Reconciliación del Conflicto de Intereses

60

entre la Informática y el Derecho de Autor: el ~~Arbitraje para~~Arbitraje para Dirimir
Controversias".
(3) Carlos Dalmau Ramírez, "Las Licencias de Derechos
Patrimoniales de Autor".

   Análisis de los siguientes casos:
(1) Colón v. Carlos Martínez, Inc., 112 D.P.R. 846 (1982)
(2) Ossorio Ruiz v. Srio. Vivienda, 106 D.P.R. 49 (1977)
(3) Pancorbo v. Wometco, 115 D.P.R. 495 (1984)

Asignación sobre los casos anteriores

UNIDAD VI: Organización, Funcionamiento y Responsabilidad de
los Negocios
(1) Sociedades Mercantiles
(2) Corporaciones
(3) Instrumentos Negociables

Examen de los siguientes capítulos:
Capítulos del Texto 17, 18 y 20 y/o el material impreso en esta
Unidad

UNIDAD VI: La Quiebra
8

(1) Bankruptcy Summary
(2) Bankruptcy Terminology
(3) Esteves v. Esteves, 295 B.R. 158

Examen del material impreso en esta Unidad

 1. Soltero, R. y Oppenheimer, J, J. (2015). Derecho Mercantil.
(7ma ed.). San Juan: Publicaciones Puertorriqueñas, Inc.

 2. Acevedo, A.A. (2006). Conceptos Básicos del Derecho
Aplicable a la Administración de Empresas en Puerto Rico. ~~New Jersey~~New Jersey: John
Wiley & Sons, Inc.

 3. Negrón, L, y Fabián, M. M. (1997). Derecho Mercantil y
otros Principios Generales de Derecho Puertorriqueño. San Juan: Ediciones Sítum.

 4. Leyes de Puerto Rico Anotadas. Código Civil de Puerto
Rico, (31 LPRA). San Juan: Equity Company.

 5. Leyes de Puerto Rico Anotadas. Código de Comercio de
Puerto Rico, (10 LPRA). San Juan: Butterworth de Puerto Rico.

 6. Leyes de Puerto Rico Anotadas. Código de Seguros, (26

61

LPRA). San Juan: Butterworth de Puerto Rico.

7. U.S.CodeS. Code. Código de Quiebra Federal, (11 USC). San Juan: Equity Company.

8. Leyes de Puerto Rico Anotadas. Ley de Corporaciones de P uerto Rico, (14 LPRA). San Juan: Butterworth de Puerto Rico.

9. Leyes de Puerto Rico Anotadas. Ley de Instrucciones Negociables de Puerto Rico, (19 LPRA). San Juan: Butterworth deButterworth de Puerto Rico.

IX. BIBLIOGRAFIA ACTUAL Y CLASICA

1. Anderson, F. & Twoney, W. (2002). Business Law. Ohio: South WesternSouthwestern Publishing Co.

2. Colóm, A. (2008). Legislación Protectora del Trabajo Comentada. San Juan: Publicaciones Puertorriqueñas, Inc.

9

3. Corley, R. N., Reed, O. L. (2001). The Legal Environment ofEnvironment of Business. New York: McGraw-Hill Book Company.

4. Dunfee, T.W., et.al. (2002). Modern Business Law and the Regulatorythe Regulatory Environment. New York: McGraw-Hill, Inc.

5. Valleta, L. (2000). Diccionario de Derecho Comercial. Buenos Aires: Valleta Ediciones.

Recursos Electrónicos: Direcciones Electrónicas donde puedes encontrarpuedes encontrar información adicional

Business Law.gov (Legal and regulatory information for America'sfor America's small businesses) www.businesslaw.gov

Código-Civil.net (Weblog de Derecho Civil) http://www.codigocivil.net/index,php

Comisión Conjunta Permanente para la Reforma y Revisión del Códigodel Código Civil de Puerto Rico.   http://www.codigocivilpr.net

Comisión de las Naciones Unidas para el Derecho Mercantil InternacionalMercantil Internacional (UNCITRAL) http://www.uncitral.orgUNCITRAL) http://www.uncitral.org

Departamentos Ejecutivos del ELA   www.prstar.net o www.gobierno.pr -

Departamento del Trabajo y Recursos Humanos www.dtrh.prstar.net

Derecho Empresarial de América.
http://www.derechoempresarialdeamerica.net

Derecho Comercial   http://www.derechocomercial.edu.uy/

FindLaw for Legal Professionals
http:www.findlaw.com/12international/countries/http:
www.findlaw.com/12international/countries/

FormsGuru.com (Formatos legales gratis de EE.UUEE. UU)
http://www.formsguru.com/

Gobierno de Puerto Rico. www.Gobierno.pr.gov

10

Hieros Gamos – The Comprehensive Legal Site
http://www.hg.org

Información de derechos en otros países www.vlex.compaíses www.vlex.com

Instituto Laboral de Educación Laboral de PR   http://hmeerols.com.czarlab

International Institute for the Unification of Private Law.
http://www.unidroit.org

Juris Internacional. http://www.jurisint.org/pub/pres_sp.htm
Juris Lex – Servidor de la Comunidad Jurídica en Internet.
http://www.jurislex.org

Jurisprudencia de Puerto Rico http://www.lexjuris.comRico http://www.lexjuris.com

Jurisprudencia de Puerto Rico www.microjuris.comRico www.microjuris.com

Jurisprudencia y leyes federales www.findlaw.comfederales www.findlaw.com
Juris Web - Derecho español en Internet.
http://www.jurisweb.com

Justiniano – Buscador jurídico argentino
http://www.justiniano.com/index2.htm

Methven & Associates Business Law Counselors
http://www.methvenlaw.com

Naciones Unidas   www.un.org
National Labor Relation Board http://www.nlrboul.goulBoard http://www.nlrboul.goul

63

Noticias ~~Jurídicas http://www.noticias.juridicas.com~~Jurídicas
http://www.noticias.juridicas.com

Pace University Shool of Law (Institute of ~~International Commercial~~International Commercial
Law http://www.cisgw3.law.pace.edu

Periódico El Nuevo ~~Día www.endi.com~~Día www.endi.com

Portal de la Rama Judicial de Puerto Rico
http://www.tribunalpr.org/

11

Puerto Rico Business Law Developments (Goldman, Antonetti ~~& Córdova~~& Córdoba
Law Firm). http://www.gaclaw.com

Red Obrera   www.laurnet.org.uk/spanish/

Registro Mercantil Central (~~España) http://www.rmc.es~~España) http://www.rmc.es

Revista Entrepreneur   www.entrepreneur.com

Servicios Jurídicos del Bufete Emmanelli, C.S.P
http://www.debidoproceso.com/index.html

Tribunales de Puerto ~~Rico www.teletribunales.org~~Rico ~~o~~www.teletribunales.org o
www.teletribunalespr.org

Uniform Commercial Code
http://www.law.cornell.edu/topics/commercial.html

Uniform Commercial Code
http://www.cornell.edu/ucc.table.html

US Business Advisor   http://www.business.gov

US Commercial Law
http://www.law.cornell.edu/topics/commercial.html
VLex, La Editorial Jurídica en Internet
http://www.v2.vlex.com/cs/site/default.asp

Willamette College of Law (Foreign and International Law)
http://www.willamette.edu/law/longlib/forint.htm

World Trade Organization (~~WTO) http://www.wto.org~~WTO) http://www.wto.org

www.ingramcontent.com/pod-product-compliance
Lightning Source LLC
Chambersburg PA
CBHW080825170526
45158CB00009B/2528